细说中国史

长城拱卫 之 明朝

侯芳静◎编著

团结出版社

UNITY PRESS

图书在版编目（CIP）数据

长城拱卫之明朝 / 侯芳静编著. -- 北京 : 团结出
版社, 2024.1
　（细说中国史）
　ISBN 978-7-5234-0311-2

　Ⅰ.①长… Ⅱ.①侯… Ⅲ.①中国历史—明代—通俗
读物 Ⅳ.①K248.09

中国国家版本馆CIP数据核字(2023)第139459号

出　　版：团结出版社
　　　　　（北京市东城区东皇城根南街84号　邮编：100006）
电　　话：（010）65228880　65244790（出版社）
　　　　　（010）65238766　85113874　65133603（发行部）
　　　　　（010）65133603（邮购）
网　　址：http://www.tjpress.com
E-mail：zb65244790@163.com（出版社）
　　　　　fx65133603@163.com（发行部邮购）
经　　销：全国新华书店
印　　刷：三河市金兆印刷装订有限公司

开　　本：710毫米×1000毫米　16开
印　　张：12
字　　数：200千字
版　　次：2024年1月　第1版
印　　次：2024年1月　第1次印刷

书　　号：978-7-5234-0311-2
定　　价：39.80元

序　言

中国是一个拥有悠久历史和灿烂文明的国度，中国作为世界上最古老的文明古国之一，拥有着灿烂辉煌的文化和悠久的历史传承。从五雄争霸之春秋到军阀混战之民国，中国历史如同一幅波澜壮阔的画卷，展现了数千年的辉煌与沧桑。

历史的巨轮滚滚向前，在人类历史的长河中，中国历史起着十分重要的作用，并具有其独特的历史地位。这不仅体现在其悠久的历史传承上，更在于它对人类文明的发展产生的深远影响。中国历史可以追溯到数千年前。在这漫长的历史长河中，中国经历了历朝历代的更迭，从夏朝的建立到清朝的灭亡，每个朝代都有其独特的政治、经济、文化等特色。这些朝代的兴衰变迁，不仅是中国历史的重要组成部分，更是人类文明发展的重要见证。

这部《细说中国史》系列丛书旨在为读者呈现一幅全面而细致的中国历史图景。以通俗易懂的语言，结合丰富的史事，尽力做到还原历史原貌。

另外，历史各期的政治制度、经济发展、科技创新、文化艺术等方面都有着丰富的内涵和独特的魅力。通过了解这些，读者可以更好地理解中国的现代化进程，以及中国历史在世界历史舞台上的地位和影响力。

同时，本系列丛书也将关注历史背后的社会背景和文化传承；探讨源远流长的中国文化，如儒家、道家、佛教等思想流派的兴起与传承；展示中国科技的辉煌成就，如四大发明、丝绸之路的开辟等。

本系列丛书可以让读者穿越历史的时空，追溯历史的起源，探索历朝历代的荣辱兴衰，感受历史人物的悲欢离合，并寻找历史规律，从而以史为镜，正己衣冠。

总之，衷心希望这部《细说中国史》系列丛书能帮助读者更好地了解中国的历史和文化，并感受其独特的魅力。

　　由于历史的复杂性和多样性，这部《细说中国史》系列丛书难以涵盖所有方面，不免挂一漏万。同时，历史研究也在不断发展和更新，我们将尽可能参考最新的学术研究成果，尽量做到准确且客观地叙述。期待读者在阅读过程中提出宝贵的意见和建议，诚挚感谢。

目 录

第七章　明朝的覆灭

第一章　大明王朝的建立

明朝是中国历史上汉族推翻蒙古族统治而建立起来的王朝，与元、清朝代承上启下，是一个由汉族建立和统治的君主制王朝。宋国灭亡几十载，元朝统治者的凶残手段日益暴露，政廷腐败，国库空亏，天灾人祸使得百姓民不聊生，酝酿已久的农民起义终于爆发。1368 年，朱元璋推翻了蒙古族的统治，自立为王，取国号为大明，国家的统治权重新回到汉族人的手上。这是继周、汉和唐朝之后又一个盛世王朝，历史上称之为"远迈汉唐"。

和尚君王

中国有五千年的华夏文明，每个朝代在刚刚成立的时候首先都会做一件事，就是立国号。所谓国号就是代表一个国家的称号，明朝是汉人统治的最后一个王朝，这个国号怎么确立下来的呢？我们要从明朝开国皇帝朱元璋开始说了。

朱元璋的人生非同寻常，他是自汉高祖刘邦之后的第二个平民出身的皇帝，就是我们俗话说的草根。他经历坎坷，曾经当过乞丐、和尚，后来坐上皇帝宝座，他的人生悲喜交加，跌宕起伏，充满传奇色彩。

朱元璋（公元 1328 年—公元 1398 年），公元 1328 年生人，他是一个血腥、残暴，但又是一个提倡节俭且亲民朴素的君王。在他还是平民的时候，生活非常凄苦，吃不饱穿不暖。朱元璋生于公元 1328 年，当时是元朝末期，元朝政府腐败，统治者纵情声色，不顾百姓安危，整日研究长生不老得道升

仙的方法。朝廷财政紧张，官府欺压百姓，四处搜刮民脂民膏，使得百姓民不聊生。朱元璋就是在这样一个有着尖锐社会矛盾的环境下成长的。他勤勉好学，毅力顽强。他的家在安徽濠州，是佃农家的孩子，排行老六，因为有三个胞兄四个堂兄，因此父母为他取名为重八。

公元1343年，濠州发生了一场大旱灾，加上黄河连年失修决口泛滥，老百姓的生活更加贫瘠，百姓流离失所，加上瘟疫铺天盖地而来，人和牲畜都大量死亡，百姓们纷纷四处逃难，因粮食奇缺，许多人都饿死在路上了。这一年，朱元璋家也未能幸免于难，朱元璋的父亲、母亲、大哥和大哥的儿子都接连死去，无奈之下，他的大嫂带着孩子离开了村子，家里就只剩下他和二哥两人。

不得不说，在这样的灾难下，朱元璋还能够活下来是他莫大的幸运，但后来的艰难生活让一个弱小的孩子不知如何面对，这又是他的不幸。他的二哥出外逃荒，为了能够吃饱饭，年纪幼小的朱元璋只能去附近村子里出家当和尚，这是他唯一的生路。但好景不长，寺庙的粮食也越来越少，因此他做了几十天和尚之后被打发走了，离开寺庙后，他开始了他漫长的流浪生活。

朱元璋在外一漂泊就是三年，公元1348年，他又回到了曾经救他一命的皇觉寺。在这漂泊的三年里，他流浪乞讨，生活很是艰辛，但同时他也见识了世面，开阔了眼界，积累了许多社会经验。虽然生活对他很残忍，但也正是因此造就了他超乎寻常的坚强毅力，他不会忘记这几年颠沛流离的生活是如何度过的，因此也造就了他凶残、多疑的性格。这段生活无时无刻不在影响着他，同时也改变了他今后的命运。

回到乡里，眼前发生的变化让人难以想象。公元1351年五月，起义大旗纷纷举起，白莲教的首领韩山童、刘福通在瀛洲率先起事，八月，彭莹玉和徐寿辉的起义也纷纷响应，全国各地到处都是起义的大军。他们人人都在头上包着一块红巾，因此被称为"红巾军"。第二年，明教郭子兴也率领群众在濠州发动了起义，并将濠州城占领。

朱元璋虽然住在寺庙，后跟清净，但他无时无刻不在关注着这场极为轰动的农民起义。他为之激动，心潮澎湃。最终加入到这场农民起义的队伍中。公元1352年，二十四岁的朱元璋，经儿时的好友介绍加入了郭子兴的红巾军。加入队伍后他改名朱元璋，意为诛灭元朝的利器，由此可见朱元璋的心迹。

入伍后，他作战勇敢，机敏灵活，又略有文化，很快就受到了郭子兴的赏识。没过多久，他就从普通士兵被提升为亲兵九夫长。朱元璋在郭子兴的手下，每次率兵出征都攻无不克，战无不胜，因此深受郭子兴喜爱，于是把自己的养女马秀英嫁给了他。从这以后，朱元璋在军中的地位不断得到提升。但朱元璋并未因此安于现状，他不断扩大势力，还私下有一支自己的独立队伍。他从一个无名小卒成为了一个拥有十万军队的威风凛凛的大元帅。

朱元璋并没有进入过私塾，因为没有学费供他上学，因此朱元璋只能忍痛辍学。虽然他没有读多少书，但是他勤奋好学，一有空闲就开始学习，就连打仗的时候，他都会用空隙时间读书。他善于招揽儒士，其中李善长、陶安、朱升等人都是他四处招兵买马而来的。他喜欢和儒雅之士一起谈论古今，分析当前形势，请他们出谋划策。

公元1356年，朱元璋亲自率军将集庆攻占，并改名为应天府，这成为他后来重要的发展基地。他采纳了贤士朱升的"高筑墙、广积粮、缓称王"的建议，从此开始将重心放到生产上，为后来的战争做了充分的准备。

公元1367年，朱元璋在彻底打垮张士诚之后，于十月份，任命中书右丞相徐达作为征虏大将军、平章常遇春为副将军，率领25万大军，北进中原。在北伐的过程中，他还发布告北方官民的文告，提出"驱逐胡虏，恢复中华，立纲陈纪，救济斯民"的纲领，以此来感召北方人民起来反元。

他善于审时度势，并且与时俱进，做好了率军北伐的战略部署，提出先取山东，摧毁了元朝的屏障；接着，进兵河南，切断了元朝的羽翼，夺取潼关，占据它的门槛；然后再向大都进军。由于这个时候，蒙古势孤援绝，自然也不战而取之；再派兵西进，很自然地就可以将山西、陕北、关中、甘肃席卷囊中。在朱元璋英明领导下，加上各个英雄豪杰的鼎力相助，北伐计划顺利实施。大将军徐达率兵先攻下了山东，接着，向西挺进，拿下了汴梁，然后又挥师潼关。朱元璋到汴梁坐镇指挥。

夺取政权之后，公元1368年，他在南京称帝，年号洪武，将国号改为"大明"，确立这个名号有两个原因，其一是因为明朝从明教开始，其二是史

书上有记载，"国号大明，承林儿小明号也"。朱元璋手下的将领大多曾在彭莹玉和小明王手下效力，都是明教徒，所以朱元璋将国号定为大明是合理的。明是光明的意思，日月当空，有清正廉洁和神圣的意味。

七月，各路大军沿运河直达天津，二十七日占领通州。元顺帝酉妥欢贴睦尔带领他的嫔妃子女及大臣逃出大都，经居庸关逃奔上都。八月二日，明军攻入大都，蒙古被迫向北迁移，

至此，蒙古在南方的统治结束，朱元璋终于将长城以内地区的统治权握入手中。

当了皇帝的朱元璋，自然就得考虑如何巩固政权。于是，他开始大力整顿官吏，加强中央集权，将军政实权牢牢地掌握在自己的手中。官制稳定之后，他又开始考虑如何笼络人才，选拔称职的官员。为此，他大力改革科举制度，为大明帝国源源不断地征集了大量后备官吏，奠定了明朝绵延几百年的根基。

朱元璋看到过元朝由于吏治腐败，导致民不聊生，哀鸿遍野，最终致使灭亡。同时他也永远忘不了曾经忍饥挨饿流离失所的日子，因此他非常节俭，虽然已经成为了一国之君，但回想起曾经清苦的日子来还是让他意味深长。

为了让官吏系统更好地为百姓服务，让帝国更加稳固，朱元璋对于贪官污吏，坚决地使用严刑峻法，见一个抓一个，绝不姑息养奸。最有名的案子要数"空印案"与郭桓案了。虽然说这样的高压政策，的确是狠了点，但是，其效果还是相当明显的，明初的吏治，不能不说大体上还是清明的。

为了巩固大明的统治，让朱氏子孙代代坐稳江山，朱元璋可谓是费尽心思，机关算尽。随着地位权力的逐步稳固，朱元璋内心的无助与猜忌等灰暗面展现出来了。杀功臣，就是其中之一。事实上，功臣未必就会威胁到他的地位，但是，他却不放心，对于那些稍有"不顺从"的大臣就严厉打击。

从明朝建立开始，朱元璋为了加强中央集权的专制统治，便对朝中的大小事宜均亲力亲为，不放心交给旁人，这也出于他性格多疑的原因。即便如此，他还是认为宰相在朝中的地位是他的最大威胁，包括他的子孙后代对明朝的统治权，思来想去，经过了长时间的思考，他最终决定废除宰相制度。

日久天长，精力衰竭，晚年的朱元璋除了杀臣子还是杀臣子，除此之外，他最担心的还有他的身后事。自己一手提拔起来的那班老臣们，是与自己一起浴血奋战并肩走过来的。他们对自己的命令，自然是唯马首是瞻，但是一旦自己死后，自己那年幼的儿孙还能制服他们稳坐龙椅吗？因此，当71岁的朱元璋离开人世时，也许想的不是他一生的征战与辉煌，而是对朱氏子孙的放心不下。

局势分析

朱元璋由一个平民出身而成为开国皇帝，又有曲折坎坷的经历，因此他知道江山得来不易。明朝在朱元璋统治时期，贪官污吏受到了很大打击，虽然他的惩治手段过于残忍，但行之有效。因此，在一定时间范围内，贪污受贿的现象确实有所减少，官场风气变得清正廉明了不少。

朱元璋具有雄才大略，远见卓识，能够在战争中掌握主动权，他英勇作战，审时度势，军纪严明。他强调将领要有知识、谋略、仁义和勇气，这几点缺一不可。

朱元璋一生立下许多丰功伟绩，但最重要的是将胡虏驱逐出境，扫除各地暴乱，心系黎民百姓，还将蒙古人之前制定的种族等级政策废除，强调民族平等。他曾饥寒交迫，几经辗转，最终成为了一国之君，这并非私人利益，也不是某个阶级利益的产物，就如同他自己所说的："我本淮右布衣，天下于我何加焉。"

说点局外事

朱元璋的结发妻子是郭子兴的养女马秀英，人称"马大脚"，正如大家所想的那样，她有一双比平常女人都大的脚。在当时那个封建社会，女子都在幼儿时期就用白布把脚紧紧地包裹起来，就是缠足，让脚不能长大。无论是元朝还是明朝时期，妇女都是小脚，如果是没有缠过足的必然是大脚，女子大脚就是一种忌讳。

马皇后也觉得自己的一双大脚着实让她感到难堪，之所以没有缠足是因为在她小的时候，养父母非常宠爱她，坚持没有裹脚，因此她的脚在当时可算是天足了，人们称之为"马大脚"。

自从朱元璋当上了皇帝，马皇后也很少出宫，但在出席重要场合时她就无奈地把自己的大脚隐藏在裙摆下面，尽量不被人发现，所以每次有客人会面，她都小心翼翼地踱着步子。

不料有一次，马皇后坐着轿子出门到金陵街头游赏，到了集市，突然狂风四起，尽管马皇后把脚放在裙摆下，但强风袭来，把轿子的帘账都吹开了，人们都好奇地朝轿子里望去，想一睹国母芳容，马皇后的裙摆也被吹起来，露出了她的那双大脚，情急之下，她慌忙把脚缩回去，但被街上的人们都看得一清二楚了。

消息很快就被传开了，整个京城都轰动了。后来人们给这件事取名为——"露马脚"，意思就是本来想要隐藏的事情，却在不经意间暴露出来，这个词一直流传到现在。

定都金陵

朱元璋在中国历史上是少见的布衣皇帝，虽然他身份低微，但他却是明朝的开国之君。他本来只是一个普通百姓，生活艰苦，迫于无奈出家当了和尚，又恰巧赶上元末时期割据势力严重，战火连连，就像随风飘舞的树叶，不知道什么时候能够停止。在这样的形势下，朱元璋离开寺院，加入了红巾军，从最底层的一名小卒开始做起，逐渐显露出他身上的才华，渐渐成为了一军统帅，从而拥有强大的军队，傲视群雄，他率军北征驱赶蒙古势力，成就了一番事业，建立了后来的明朝。但就是这个没读过几本书的朱元璋，在他的统治下，将明朝的君主集权制度推向了新的顶峰。在历史上是影响深远。

时至今日，提到中国历史，就不会忽略那个纷乱复杂的朝代，也不会跳过那个既传奇又饱受争议的开国帝王朱元璋。

朱元璋在军事上取得了进展，因此定都就是接下来要做的，首先南京是个定都的首选，但是朱元璋始终不能下决定。

南京是中国具有悠久历史的古都。汤山猿人头骨化石证明了早在50万年前，南京就已经有人类的踪迹。到了公元前5世纪，越王勾践消灭了吴国，范蠡在秦淮河修建越城，就是古都南京。后来东晋、东吴和南朝的宋、齐、陈、梁以及南唐、明、太平天国和民国，这十个朝代算下来都是在南京建立政权的，因此称之为"六朝古都""十朝都城"。

朱元璋有着敏锐的政治嗅觉，自从他加入红巾军就长时间地在皖北一带活动。1353年夏，江北滁州被他占领，但是他觉得这并不是最好的定为根据地的地方，这不足以稳定天下，认为滁州不符合这个条件。他说："滁，山城也。舟楫不通，商贾不集，无形势可据，不足居也。"一个叫陶安的谋士为他献计："金陵古帝王之都，龙盘虎踞，限以长江之险，若取而有之，据其形势，出兵以临四方，则何向不克！"朱元璋觉得南京这个地方是个具有地理优势的好地方，于是下定了决心，准备于1356年向金陵进攻，称为"吴国公"，还改"金陵"为"应天"，取意于"顺应天意"。自此之后十多年，朱元璋都常年率军征战，军事上也获得了巨大胜利，从而成就了霸王帝业。

至正二十八年（公元1368年）正月，朱元璋终于在应天称帝，国号改为大明，改元为洪武，明太祖朱元璋即位后将应天改为京师。即使是这样，但应天并没有以都城的形式存在，只能说应天作为京师所处的地位。在明太祖心里，都城的选址仍然是最困扰他的一个问题。他觉得在南方建立政权不太吉祥、也很难长久下去，让人容易想到分裂又短命的王朝。南京处在江东地区，和"有天下者，非都中原，不能控制奸顽"这个传统不太相符。

三月，朱元璋将汴梁攻克，于是有人向他提建议在汴梁定都。朱元璋觉得可以考虑，四月份就仔细在汴梁考察了一番。之后他非常失望，因为汴梁虽然地理位置适当，但是没有险要的地势可做防守。即使如此，朱元璋也考虑过汴梁曾经是宋朝的都城，借助这一点，可以唤起北方人民的民族热情，还可以将汴梁作为粮草和兵力的供给地，于是在八月份确定并昭告天下，将应天作为南京，将汴梁作为北京。

虽然汴梁作为北京，但是朱元璋并没有在北京投入兴建，他还不气馁，心里还盘算着更好更适合做都城的地方。洪武二年（公元1369年）九月，朱元璋再次召集大臣们商讨确立都城的事，大臣们"或言关中险固，金城天府之国；或言洛阳天地之中，四方朝贡，道里适均；汴梁亦宋之旧都；又或言北平元之宫室完备，就之可省民力"，大部分的考虑范围都在长安、洛阳、汴梁、北平等地。

朱元璋详细分析了大臣们建议的都城的利与弊，"所言皆善，惟时有不同耳。长安、洛阳、汴京，实周、秦、汉、唐、宋所建国，但平定之初，民力未苏息，朕若建都于彼，供给力役悉资江南，重劳其民。若就北平，要之宫室不能无更，亦未易也。今建业（金陵）长江天堑，龙盘虎踞，江南形胜之地，真足以立国。临濠则前江后淮，以险可恃，以水为漕，朕欲以为建中都"。从这段话可以看出，朱元璋为了节省民力，将其他地点排除在外，依然将金陵作为都城，在此基础上将临濠作为中都，由此形成了南京和北京的两京和中都并立的局面。

朱元璋为什么要在南北两京的基础上增设临濠为中都呢？其中最重要的因素就是，临濠是朱元璋的家乡，刘邦将英布打败后，率军队经过自己的家乡沛县（今属江苏），大摆酒宴，将家乡的父老乡亲兄弟同胞都召集到一起举杯痛饮，饮酒正欢时击筑高歌"威加海内兮归故乡，安得猛士兮守四方"。刘邦和朱元璋的出身一样，都属于社会最底层的贫苦大众，两位开国皇帝竟在这一点上这般相似。

事实上，朱元璋增设临濠为中都还有一个原因，就是想要安抚淮西集团。朱元璋开创大明江山的这个过程，淮西集团发挥了重大作用，李善长和徐达等人都为此立下了赫赫战功，其中汤和和周德兴和朱元璋都是同乡，因此将临濠作为中都，也是对他们的奖赏，大家对此也尤为赞同。

到了洪武八年（公元1375年），朱元璋莫名其妙地下令停止对中都临濠的修建，已经修建6年的中都，怎么说停就停呢？这究竟是因为什么？原来是因为淮西集团居功自满，还时常存在违反纲纪的行为。朱元璋最不能忍受的是这个集团在朝廷中结党营私，这威胁到了皇权，他考虑到如果继续在老家修建都城，这个庞大又即将恶化的集团很有可能会更加肆无忌惮，后果不堪设想。于是在洪武十一年（公元1378年），朱元璋下诏并明确提出将南京作为京师，定都这件事也渐渐被人们淡忘。

大家都忘记了迁移都城的事，事实上这件事在朱元璋那里却始终没有过去。洪武二十四年（公元1391年），朱元璋命太子在关中巡视，还去实地考察。却没料到第二年太子朱标就生病过世了，朱元璋受到的打击非常大，一下子没有迁都的心思了。到了年底，他亲自撰写了祭灶文，他写道："朕经营天下数十年，事事按古就绪。惟宫城前昂后洼，形势不称。本欲迁都，今朕年老，精力已倦，又天下初定，不欲劳民。且兴废有数，只得听天。"我们从这句话中可以看出，在朱元璋眼里，定都是件大事，这关乎国家兴盛或颓废，但是也能够从中看出晚年的朱元璋非常无奈。命运弄人，他一直担心会反叛的淮西集团没有做什么举动，倒是他的亲生儿子朱棣，经过朱元璋几番选址后将都城定为南京，后来也被朱棣改为了北京。

▌ 局势分析 ▐

　　虽然朱元璋将南京定位京都，但是始终有三个缺陷成为朱元璋日夜困扰的问题。其一是中国的政治中心始终都在北方，将南京定为都城对政治中心来说有些偏安；其二是虽然建立了新的王朝，但是元朝的残余势力仍然非常嚣张地盯着中原这块肥肉，趁机就会南下，将南京定为京都很难在边疆出现侵扰的时候来不及还击；其三就是大内填燕雀湖而成，地势比较低洼，朱元璋觉得这是风水不利，恐怕日后对子孙后代没有好处。因此他想要将都城迁走。但是到底迁去哪里呢？他一直觉得长安不错，于是在公元1391年特地让太子朱标勘察。但是后来发现国家的经济格局早已经不是汉唐时期的样子，长安地理位置比较偏西，和富庶之间的距离较远，漕运也不便利，将长安定位都城是绝对不可能了。后来朱元璋感叹"兴废存数，只得听天"，也打消了迁都的念头。

▌ 说点局外事 ▐

　　朱元璋在应天即位后，将精力都放在修建南京城和皇宫上。周庄的富翁沈万三是有名的富翁，人称"聚宝盆"。朱元璋与张士诚交战时，张士诚在苏州固守了8个月，是因为背后有苏州的百姓的支持。后来城被攻破，朱元璋对曾为张士诚出力的人非常憎恶，于是便将江南一带不断增加赋税，每亩斗粮七斗五升。还特地对沈万三实行了额外征税政策。

沈万三非常精明,他是一个商人,为了换取太平就开始对朱元璋说好话。在朱元璋下令修建南京城的时候,沈万三就资助了他建筑都城的三分之一,也就是现在南京城墙的中华门到水西门那一段。城墙修建完工后,朱元璋比较高兴,因此才没有向沈万三下手。但是朝廷的检校们见沈万三确实出手不小,还想趁机向他讹点银子。沈万三只是一个商人,他不想把时间都浪费在这上面,所幸一劳永逸,主动拨款为明军发放军饷,这话一出就触碰了高压线,朱元璋非常生气,觉得你一介草民,竟然敢拿钱犒劳皇帝的军队,野心不小啊!这时候仁慈宽厚的马皇后接着说:"民富敌国,民自不祥。不祥之民,天将灾之,陛下何诛焉!"多亏了马皇后,沈万三才能保住性命,最后纵使他家财万贯也都被没收了,还被发配到云南充军,他是个有名的商人,平日里太过安逸了,也没有受过这种罪,没过多久就死在了云南。他的尸骨也没能送回故乡,直接葬在了大理。

开国名臣徐达

徐达(公元1332年—公元1385年),公元1332年生人,是明朝开国军事统帅。他出生在濠州钟离的一个普通农家,元至正十三年六月的时候,朱元璋回到家乡开始招募兵士,这时候22岁的徐达已经有了建功立业的想法,所以毅然投奔到了朱元璋的军中,做了朱元璋的部下,从此开始了南征北战的戎马生涯。

徐达投奔朱元璋后,他因作战勇敢,在战争中表现出了非凡的军事才能。并且很快协助朱元璋将定远的几支地主武装进行了收编,接着又攻占了滁州、和州等地。朱元璋发现了他智勇兼备的才能,又因其战功卓著,不久就被朱元璋授为镇抚之职,位于诸将之上。

至正十五年,郭子兴病逝,统领全军的大权就落在了朱元璋手上。徐达跟随朱元璋南渡长江,将采石、太平等地全部攻占。

公元1355年,朱元璋等待时机准备渡江,他觉得采石矶是一个大镇,在防守上一定下了不少功夫,而安徽马鞍山西南长江中的牛渚矶临近江河,构成了最好的防御，要把这个地方当做突破口拿下才行。

徐达认为这样做有道理，于是和将领们一同向牛渚进攻，当时统帅是常遇春。他非常敬重徐达，两个人的关系也很好，共同协作，使得打起仗来更加得心应手。

这时候，常遇春在朱元璋手下做事还不到半年时间，在元军的箭雨下，他乘船在湍急的水流中奋力划桨，最早上岸，英勇地同敌军作战，元军都被杀得仓皇而逃，徐达的军队趁机将牛渚和采石占领了。

朱元璋对徐达等将领说："如今我们能够一举渡江获得胜利，应该乘胜将太平打下来，否则，江东就不是我们的，接下来就没有什么希望了！"徐达等人都很赞同，于是依照当前的局势又制定了新的计划，向周围的州县进攻。为提高将士们进攻的士气，朱元璋断了自己的后路，把渡江船上的缆绳一根根砍断，全部都推入江中，让它顺着水势漂流下去。

将士们见到这一幕，心中不免感到震惊。大家见没了退路，士气大增，当天都吃饱了饭准备战斗，攻破太平桥，一直杀到城下，元军越来越抵挡不住，损失惨重，后来，驻守的将士都弃城逃跑了，太平城就这样被打下来了。

到了第二年，徐达又跟随朱元璋发动了对集庆的进攻。徐达凭借过人的胆识和卓越的军事才能逐渐取得了朱元璋的信任，他屡次立下赫赫战功。并成为朱元璋最倚重的一员战将。不久之后，徐达就被朱元璋任命为大将军，并且命令他领兵攻取镇江。

太平被攻打下来后，朱元璋军队士气大增。休整了几个月，朱元璋就下令攻打金陵（南京）。徐达被任命为大将军，率领水陆两军向江宁镇进军。他的军队很快就攻克了陈兆先的防御，陈兆先有36000多将士，纷纷投降。朱元璋听到了这个好消息非常高兴，让徐达再攻打金陵。金陵从古至今都是君王的都城，所以拿下金陵就是最大的胜利。

徐达的军队攻破了元军的营地，很快就把敌军逼到了城下，因陈兆先军队投降的士兵被用作攻打金陵城的主力军，因此战争进展得很顺利，降兵都感恩不尽，个个作战英勇，元军看到这样的情况非常害怕。

这时候，元军的将领福寿作为江南行台的御史大夫在金陵驻守，他让士兵们筑栅栏作为防卫的堡垒，派兵在此严防死守，但徐达和常遇春率军攻击

栅栏，很快就把栅栏拆卸下来了，元军吓得四处逃窜。

福寿无奈之下只能亲自率军迎战，徐达率军攻破城门冲了进去，两军在城内厮杀起来。徐达和常遇春两军合围攻打元军，接连好几天，战事十分紧张。福寿说什么都要将这场巷战坚持到底，一直打到将士们都精疲力尽了，他感到自己几乎没什么胜算了，就举剑自刎了。

金陵城被攻破，朱元璋率领军队浩浩荡荡地进了城。各地的农民起义军纷纷前来，水军元帅康茂才率领农民军归顺了朱元璋，因而得到了50多万兵马。朱元璋采纳了谋臣的建议，把金陵作为都城，再慢慢扩张，因此把金陵城改名为应天府。

从这以后，金陵就成了朱元璋奠定基业的根据地，还开创了将中国由南向北依次统一的先河。在这场战争中可以看出徐达作战的勇气和过人的军事才能。徐达所获得的战争功绩是所有将帅中最多的，也因此成为朱元璋统一天下的得力将领。

到了至正十七年的时候，徐达率领军队去攻打常州，在这之后又分兵去攻取常熟和江阴等地，并且成功地阻止了江浙周政权的首领张士诚率领军队向西进攻的计划。到了第二年，徐达在应天留守，同时也被朱元璋封为国上将军、同知枢密院事。

至正二十年五月，陈友谅率领部队攻打池州，朱元璋命令徐达和中翼大元帅常遇春率领军队在九华山下进行埋伏，这一战，他们斩杀陈军几万人。不久朱元璋又在应天城下设伏，最终将陈友谅的军队打败。

至正二十一年的时候，朱元璋开始对江州发动进攻。他命令徐达率领部队先行，迫使陈友谅带兵退守武昌，并且将陈友谅军追至了汉阳。这一战之后，徐达又被提升为中书右丞。

至正二十三年，徐达在鄱阳湖之战中冲锋陷阵，勇猛杀敌，最终大败陈友谅的军队前锋。第二年，他以左相国的身份率领军队攻克庐州，然后又带领大军向江陵、辰州等地进军，最终扫平了陈友谅的残余军队。

至到了正二十五年的时候，徐达率领部队东进讨伐张士诚，攻克了泰州。第二年，又依次拿下了高邮、淮安、兴化等地，一举平定了淮东地区。接着，他又以大将军的身份率领二十万水军，由太湖出发，围攻湖州，大败张士诚军队，还俘获了张士诚的士兵二十五万。

至正二十七年九月，徐达扫清了张士诚余部，并俘获张士诚，胜利班师回朝。至此他被封为信国公。就在这一年的十月，朱元璋又命令徐达以征虏大将军的身份与副将军常遇春一同率领二十五万大军向北征讨元军，并且连战连捷，很快就将山东全境占领了。

到了洪武元年一月，朱元璋在今天的南京称帝，当时被称为应天。徐达以他卓著的功勋被朱元璋封为太傅、中书右丞相、魏国公。在这一年的三月，徐达又接受皇帝的命令向河南进军，攻取了汴梁，也就是今天的河南开封。又在塔儿湾将五万多元兵打败，迫使元朝的梁王阿鲁温出来投降，最终平定了河南。

接着他又分兵去攻打潼关，向西攻取华州。同年五月，朱元璋抵达汴梁亲自督战，徐达上奏皇帝请求乘胜追击，直接攻打元朝的都城。同年七月，徐达向北进军，接连攻克了卫辉、磁州等地。在临清与明朝的各路军队汇合后，又沿着运河推进，在河西务大败元军，又将通州攻下，元顺帝乘乱北逃。

这一年八月二日，徐达率领军队攻占了大都，最终将元朝的统治推翻了。不仅如此，他又乘胜夺取了真定、怀庆等地。当元朝遗部的将领扩廓帖木儿带领军队从太原经雁门向北平进攻时，徐达趁元军不注意直捣太原，将山西占领。

洪武二年，徐达带领军队进入了陕西，元朝将领李思齐出城迎降，张思道被徐达斩杀，陕西也被平定了。第二年，徐达在定西将扩廓大败，俘虏了元朝的王公将领以下八万多人。他也因赫赫战功被授予了中书右丞相的官职，并准许参与国家大事的商讨，同时被改封魏国公。

由于他常年在外作战，屡战屡胜，为朝廷立下了赫赫战功，因此朱元璋称赞他智勇绝伦，和他做了"布衣兄弟"。

洪武四年，徐达奉朱元璋的命令在北平镇守，同时加紧操练军马，修筑城池，并且统领北方军事。第二年，他与左、右两位副将军李文忠和冯胜分路出塞对北元进行征讨。但是这一战由于徐达轻敌冒进，在岭北遭到了北元军队的大规模伏击，损兵折将数万人。第二年，徐达再一次率领部队出征，在答剌海大败北元军队。之后，明朝迁都北京，开始了休养生息的政策。徐

达也率领军队驻守都城。

明洪武十四年，立下汗马功劳的徐达毅然守在边疆地带，徐达知道边塞地区对国家来说是至关重要的，明朝时期蒙古的残余势力仍然猖獗于此，因此他必须坚守在这里将残余势力全部扫除。

1381年，徐达在燕山屯兵一万五千一百人，沿着高山濒临大海修筑了长城，还修建了永平，界岭共有三十二关，这就是直到现在都举世闻名的山海关。

山海关的修建使长城更加牢固，同时也阻止了蒙古骑兵的突袭，是一道极其坚固的屏障。住在周边的百姓也都幸免于难，大明王朝从此免于蒙古残余势力的侵扰，山海关也成为了北京的一个咽喉要塞。

徐达一生征战沙场，刚毅勇武，持重有谋。不仅如此，他统领大军纪律严明，南征北战，战功赫赫，曾经被朱元璋夸赞为"万里长城"。徐达作为明朝的开国元勋，以卓越功绩为明王朝的开创立下了汗马功劳。

徐达常年在外征战，身体状况也逐渐变差，最终由于疲劳过度病倒在床，朱元璋遣使把徐达召回应天府，次年二月，在南京病逝，终年54岁。死后被朝廷追封为中山王，赐谥武宁，并且朱元璋亲自为他撰写了神道碑，赞扬他的精神和功绩为"忠志无疵，昭明乎日月"。赐葬于南京钟山之阴。

局势分析

洪武二年（公元1369年），朱元璋下诏命人建筑一座功臣庙，并亲自选定功臣的次序，徐达排在第一位，后面依次是常遇春、李文忠、邓愈、汤和、沐英、胡大海、冯国用等人。徐达作为开国第一大功臣，并不是因为他和朱元璋是老乡，以及少年时期是要好的朋友，主要是因为他始终追随朱元璋鞍前马后，驰骋疆场，为大明王朝立下了赫赫战功。

徐达是个谦虚谨慎的人，不仅功勋卓著，他还是朝廷的忠臣，他为人正直，有情有义，不结党营私。朱元璋曾当着群臣的面夸赞徐达说："接受命令率领军队征战，能够获得胜利凯旋而归，从来不骄不躁，没有喜爱的女人，也不贪图财物，就像日月一样活得光明磊落，没有半点儿瑕疵，徐达就是这样的一个人啊！"

徐达功名显赫，皇帝非常信任他，因此难免有人想要高攀他，为了能够利用他的名望结党营私。丞相胡惟庸就曾想要和徐达结为友好关系，但徐达对胡惟庸的道德和品行都嗤之以鼻，因此并没有在意。

后来胡惟庸看不惯徐达如此泼自己冷水，于是想要收买徐达的看门人福寿，想要从福寿那里得到一些可以捏造陷害徐达的罪名，但福寿对徐达非常忠诚，没有答应胡惟庸，自此之后，胡惟庸也没有什么办法了。

公元 1385 年，徐达去世，朱元璋追封他为中山王，谥武宁。赐葬钟山，配享太庙，名列功臣第一。

徐达这一生几乎是一个没有瑕疵的人，这位追随朱元璋的开国功臣，没有人的功劳能够与之相比，而且他对国家忠诚无二心，为人处世也极其谨慎认真。他为朝廷屡立战功，但他的身上并没有一点自傲之气，兢兢业业为国效力，更不会和朝中的大臣争名夺利。

明太祖朱元璋在徐达生前送给他一副对联："破虏平蛮，功贯古今第一人；出将入相，才兼文武世无双。这副对联就是对徐达一生立下的功绩给予的评价，这也是对徐达最真实的评价。

说点局外事

徐达是朱元璋手下最得力的大将，明太祖朱元璋性格多疑，对于帮助过自己打江山的臣子都有着极其强烈的戒心，有一天，朱元璋邀徐达下棋，下棋之前还特意要求徐达使出真本领来，徐达很是为难，于是硬着头皮和皇帝对弈。

这盘棋下了很长时间，从早晨一直到中午，但到最后都胜负未分，朱元璋心里正暗自欣喜，徐达却不继续落子了。

朱元璋非常高兴地问："将军怎么迟疑着不落子了？"

只见徐达满头是汗，一下子跪在朱元璋面前回答说："还是请皇上仔细看看对弈的全局吧！"

朱元璋仔细一看，才惊奇地发现，徐达已经把棋盘上的棋子摆成了"万岁"两个字。朱元璋看后非常高兴，于是把当年下棋的楼和莫愁湖都赏赐给了徐达，那座楼后来被称作胜棋楼。

运筹帷幄的开国谋臣刘基

明朝时期不乏忠臣，但开国谋臣当属刘基。明太祖朱元璋在他尽心尽力的辅佐下，明朝才得以有一个好的开端。

刘基（公元 1311 年—公元 1375 年），公元 1311 年生人，是元末明初时期的军事家、政治家和文学家，还是明朝开国元勋。他出生在浙江处州府青田县南田山（今浙江省文成县）武阳村，出生在一个富裕的地主家庭。家庭对他的潜移默化，使他在学业上打下坚实基础的同时，也培养造就了豪爽刚正、嫉恶如仇的性格。

刘基考中进士，三年后，他便被任命为江西高安县丞。这虽然只是辅佐县令地位卑微的地方小官，但刘基并没有松懈，尽职尽责，处处为百姓考虑，深得上司赏识和百姓的爱戴。不久便有了相当不错的政绩，从而被调至江西行省为官。但刘基的廉洁奉公与当时元朝政纲紊乱，官场腐败，大小官吏只为自己的财与权争相逢迎的对比下，显得格格不入。秉性耿直的刘基又常常因看不惯这种风气而不顾情面的直言谏事，因而处处得罪上司和幕僚。他的上司和幕僚因此时常排斥他，让他在官场举步维艰。心里明白自己是不会在这样的现实下有任何作为的，于是他毅然投劾辞职，于至元六年（公元 1340年）刘基回到老家，闭门读书。

有些事情总会出乎意料，所做过对国家有益的事，一定有人铭记在心。因此刘基万万没有想到的，他的秉公执法早已流传开来。时隔三年后，江浙行省以儒学副提举第二次起用他，授他为行省考试官。此时，刘基满腔为国效力的热情再次被激发出来。上任后不久，豪爽刚正、嫉恶如仇的他上书揭发了失职的事。但现实再一次戏弄了刘基，他的上级不但没有惩戒失职的监察御史，反而斥责他多管闲事，信口开河。心中无比气愤的刘基再一次扔下了头上的乌纱帽。失意的他心里有许多的愤慨与无奈，便移居杭州，寄情于山水，隐于西子湖畔、卧于武林山麓，饮酒赋诗，遣兴自娱。

如此经历对刘基来说无疑是一次打击，他觉得自己的命运无非是这样了，满腔抱负却无从施展，一时间，强烈而愤懑的心情让他对仕途开始绝望。

至正十一年（公元 1351 年）发生了一件事令朝廷大惊。台州人方国珍在海上集结兵力，一举攻占了浙江沿海的诸州郡。朝廷急命江浙行省尽全力抵御来犯。因为从小书读千卷，早年就在浙江传开了刘基谙熟兵法韬略。于是，行省在第二年（公元 1352 年）以浙东元帅府都事再次下诏书起任刘基。这时的刘基对朝廷几乎失去了信心，但是，他心中为国效忠的火苗依旧没有熄灭。

一番激烈的心里斗争过后，刘基带着一心为国的浩然正气走出了深山，用自己的谋韬大略帮助官府征剿方国珍。刘基细细分析后发现方国珍是以浙东宁波为跳板进袭内地的，刘基提出要想防方国珍凶猛的进攻，只有建筑宁波城墙。果然，方国珍再不敢轻易进犯宁波了。两年后（公元 1353 年），政绩颇丰的刘基被提拔为行省都事，召至杭州商议招抚方国珍之事。

这时，刘基才知晓了事情的原委，在方国珍举兵起义后不久，朝廷便下诏书诏安方国珍，方国珍随即同意诏安，被任命为国尉。但利欲熏心的方国珍不安于此职，仍多次举兵反元，无可奈何的朝廷只得一次又一次的提拔以安抚方国珍。而这次方又不安于现状，故伎重演，要挟朝廷，朝廷忍无可忍但也无计可施，只得召集贤士出谋划策。刘基细细分析后，否定了朝廷的做法，反对一味地招安。他认为对方氏之乱的上策应把剿与抚相结合，方的这些所作所为，无非是想得到高官厚禄，对此绝不能姑息，应捕而斩之；而他的部下大都是盲目的追随者，则招安就行了。

杭州同僚觉得言之有理，便将此计禀报朝廷，欲与行之。而刘基的镇压方国珍义军的分化瓦解之计，也确实险恶。方国珍得知后心里大惊，企图利用金丝玉帛来说服刘基，希望他放弃剿捕之计。正义的刘基果断拒绝了这些礼物，一心铲除朝廷的心头之患。这时的方国珍急红了眼，索性直接以重金向大都朝中大官施压，那些大官在重金面前毫无抵抗之力。之后朝廷不但又一次招了方国珍的安，反而还斥责刘基的剿捕方氏之计有损朝廷仁义，擅作威福，并责令江浙行省将刘基羁管于绍兴。这对刘基无疑又是当头一棒，只得被迫第三次辞官回家。

二十年的时间里刘基在官场大起大落三次之后，归隐浙江老家。没过多久，朱元璋率红巾军打到处州。尊重有识之士的朱元璋每到一地都要访见当地名士，召请他们出来。占据处州后，听说浙东名士刘基正隐居青田老家，朱元璋便派人携带重礼聘请刘基出来。

隐居于家乡的刘基早已听说朱元璋的雄才大略，而且刘基也自心底钦佩朱元璋，但经历了三次官场大起大落，又对当时群雄割据的乱世存有戒备之心，因此拒绝了朱元璋的邀请。朱元璋心有不甘，于是再次派处州总制孙炎前往青田邀聘。这时的刘基清楚地看到元王朝已经无可救药，并体会到朱元璋的诚意而且群雄唯有朱元璋能成得了气候的事实。刘基决定再赌一把，把自己的未来压在了辅佐朱元璋建立大业上。随即收拾行囊，于至正二十年（公元 1360 年）农历三月由青田到达金陵。

坊间传闻刘基是个深谙阴阳八卦，专事风水占卜的奇人，有着呼风唤雨、料事如神的法术，当然，这不是真的。但现实中的他的确是一个强智博学，才思敏捷的人，不仅经史诗文，连军事韬略、兵法智术甚至是天文地理乃至阴阳五行都十分精通。刘基性情冷静，为人处事机警果敢，有成为一名优秀谋臣的天赋。辅佐朱元璋不久，刘基展现出种种不凡的才能使得他很快成为了朱元璋智囊团的核心人物。

刘基的到来使得在军事政治上正处于一个重要发展阶段的关键时刻的朱元璋如虎添翼，在金陵站稳脚跟的同时还占据浙江其他一部分地区，而且朱元璋的力量在这期间有了很大发展。但东边张士诚，西边陈友谅两股力量也都不是鼠辈，他们看到朱元璋迅猛的发展后，试图联合夹击朱元璋以除后患，这对朱元璋形成很大威胁。除此之外，朱元璋虽早有效法沛公刘邦的志愿，但一直没有真正属于自己的旗号，而是隶属于刘福通控制下的小明王韩林儿，接受他的封爵，有龙凤年号。若能解决这内忧外患同时压制的尴尬局面，朱元璋的实力便能得到质的飞跃。

在刘基看来，当下正值群雄纷争之际，受到别人的牵制不会有所作为，自己掌握命运，才能成就一番大事业。因此在至正二十一年（公元 1361 年）农历正月，当朱元璋在金陵中书省设御座，率文武僚属遥拜小明王、行庆贺礼时，唯有刘基独自站在一边不拜。当朱元璋问其为何不拜时，刘基不屑地回答道:"他不过是个牧童罢了,为什么要尊奉他?"接着便向朱元璋说明了应该摆脱小明王,自己争夺天下的道理,朱元璋听后不但没有因此而愤慨,反而觉得很有道理。

至正二十三年(公元 1363 年),张士诚手下将领吕珍于安庆(今安徽寿县)向韩林儿进攻,刘福通下令要朱元璋发兵速速前往救援。刘基听闻后劝说朱元璋不应前往救援。他说:"现在陈友谅、张士诚正联合起来虎视眈眈伺机进攻我们,这种时候哪还有精力去管别的人呢?再者说来即使将小明王救了出来,我们又如何安顿他才好?"以此劝朱元璋借机抛弃韩林儿。朱元璋不听,一意孤行,亲自率军往救。不出刘基所料,陈友谅果然趁虚而入。率领几十万精英部队袭击了朱元璋辖下的江西重镇洪都(今江西南昌)。得到消息的朱元璋不得不星夜兼程往回赶,疲于奔命,此时的林韩儿正如刘基所说,成了朱元璋的累赘。待事态平息之后,朱元璋心怀愧疚,感慨地对刘基说:"当初若是听从您老的教诲,也不会落得如此。万幸陈友谅偷袭的不是金陵,否则后果真的不堪设想。"不久之后,朱元璋狠下心来彻底抛弃了韩林儿,摆脱了他人的束缚。

刘基对朱元璋在军事上的贡献是巨大的。刘基到金陵辅佐朱元璋不满两月之时,挟主称帝的陈友谅趁其余威,举兵东下,试图联合张士诚部合击朱元璋。金陵形势十分严峻。一时间朱元璋部下不免产生慌乱,有的主降,有的主逃,有的主张倾力与之决一死战,众说纷纭,莫衷一是。而此时的朱元璋心中也无解,赶忙请教一边不动声色的刘基。

刘基斩钉截铁地回答,主降者和言逃者一律斩杀,才有可能破敌获胜。他又说道,陈友谅劫主称帝,骄横一时,他无时无刻不在惦记着金陵。现在气势汹汹地举兵顺江东下,乃是向我示威,逼我退让。我们一定不能让其得逞,唯有奋力抵抗才是上策。

接着他又说,常言道,后举者胜,陈友谅虽兵骄将悍,但他们行军千里来进犯我部,既是疲军乏将,还是不义之举,而我们后发制人,以充足的兵力应对他们疲惫的军队,待敌深入后,我以伏兵击之,必胜无疑。而且这是关键的一仗,我们一定要打起十二分精神应对来犯。这一番话,既坚定了朱元璋必胜的决心,又稳固了朱元璋部队的士气。朱元璋采纳了刘基的计策,巧出奇兵击溃了陈友谅的进攻，使得金陵这块根据地得到了巩固。

虽然陈友谅吃了败仗，退守到江西、湖北一带，但是他与张士诚两股力量仍是朱元璋最大的威胁。为了消除后患，朱元璋决定出兵讨伐陈、张，以打破包围，争取战略主动。但是在讨论先对谁采取行动时大家的意见产生了分歧。有的人提出先向张士诚进攻，因为张离得近，且兵力相对较弱，胜率大些。此外，张士诚所处的苏湖地区资源富庶，攻占后为部队后勤军需补给提供保障。而刘基的主张却恰恰相反，在他看来，张士诚安于现状，胸无大志，之时求得自保，不太会乘人之危，所以不足以太放在心上。而占据长江上游的陈友谅从劫主称帝就显示出他的极大野心，而且他的兵力相当雄厚，对我们的威胁远大于张氏。若我们先打张氏，陈友谅必定会乘人之危举兵来犯；而若先打陈氏，张士诚必定保守于此而不出兵。

由此看来，先攻陈氏亦为上策，而等陈氏被灭，张氏孤立无援，再加上兵力本就薄弱，那么他们的生死就是我们一句话的事了。待到陈张皆被灭时，我部就可拥麾北上，席卷整个中原，天下便为我所有。刘基高瞻远瞩的局势分析，为朱元璋点明了一条扫平四海、建立大业的最佳途径。朱元璋采纳刘基之计，首先讨伐了陈友谅，之后又灭张士诚，为成就大业奠定了坚实的基础。

至正二十八年，朱元璋登上了皇帝的宝座，明朝至此建立，改国号为洪武，任刘基为御史中丞相兼太史令和太子赞善大夫之职。当时明朝基本稳定，刘基也从行军作战中回到了大明朝堂，辅佐明太祖朱元璋治理国家。

他主张宽仁之道，他认为立国初期要宽厚仁爱，天下刚刚平定，财政方面是最紧张的，就像刚会飞的鸟，不能拔它身上的羽毛；又如同新种下的树木，不能晃动它的根系，因此国家在这个时候要休养生息。

刘基反对用武力治理天下，主张以德治国，德刑兼用。身为君主就要有仁爱之心，要心系黎民百姓，在这个基础上，还要给这个国家制定严格公正的律法，只有这样才能把国家的秩序维护好。只有以德服人才能治理好国家，然而以德治国的关键就在于吏治。治理国家还要有完备的法律做依托，刘基向朱元璋提出建议，要严格遵守纲纪还要建立好完善的法制，这两点是重中之重。

首先他们对建国之初滥杀无辜的现象进行了整顿和根除，还加强了下属揭发上级的监督制度，以免上级官员违反纲纪，以权谋私的事情发生。

刘基对官员们违法乱纪的行为更是严格查处，中书省的都事李彬由于贪污被刘基查办，依照当时的法律规定应该处死。李彬是李善长的心腹，因此李善长三番两次找到刘基，替李彬求情，请求赦免死罪。刘基不顾李善长的面子，最终还是把李彬依法处死。

刘基不仅治理国家有自己的一套，在举贤纳士上也有过人之处，他慧眼识人，能够为皇帝选对合适的人才，公正廉洁，有德行还要有才能的人才能担当各个阶层的领导职务。在人才的选择上，刘基提倡只要是有才能的人就可以被举荐，有能力的人就可以被任用。

洪武八年（公元1375年）正月下旬，刘基因偶感风寒而卧病在床，朱元璋得知这个消息之后，派胡惟庸带御医前去探望。按照御医开的处方服了药之后，觉得身体反而更加不适，刘基觉得十分难熬。后来觐见朱元璋，应允回乡，在维持基本的饮食后不久就去世了。

局势分析

刘基是大明王朝的开国重臣，也是一个家喻户晓的具有传奇色彩的人。明成祖朱元璋在他的辅佐下完成了帝业，开创了一个将近三百年的大明王朝。他智勇兼备，勇猛刚毅，有着很强的分析和判断能力，后世的人都称他为再世诸葛亮。

朱元璋也拿他和汉代的谋臣张良相提并论，对他很是崇敬，还以"老先生"称呼他，常常和他一同商讨国家大事，让刘基帮他分析国内形势。陈友谅、张士诚、方国珍等人的势力都是在刘基的辅佐下被朱元璋一一消灭的，他还参与了制定消灭元朝的战略方针和建立国家的筹备计划，从而使得一系列计划能够实现。

刘基的故乡在浙江省温州市文成县南田镇（旧属青田县），他的五代都在这里居住。

刘基曾经居住的地方有五间房，公元1311年6月15日，刘基在这里出生，公元1375年4月16日在这里去世。现保存有刘基48岁时放弃官职归隐之后所修建的房屋和碑志，还有一些石臼等用品。《明史·刘基传》载："洪武四年正月赐老归，惟饮酒，奕棋，口不言功。邑令求见不得，微服为野人谒见。基方濯足，令从子引入茅舍。"从这句话中就能看出刘基当时居住的条件是很简陋的。

刘基故里的一个南田有"天下第六福地"之称，刘基是政治家、军事家和文学家。朱元璋在他的辅佐下才能使国家统一，明朝才得以建立。后人都对他有很高的评价，称他为"立德、立功、立言"三不朽的伟人。现在保存有一些明清时期的建筑，有刘基庙、参政公祠、忠节公祠、武阳亭、盘古亭、辞岭亭、刘基故居和刘基墓等。

命运多舛的明惠帝

朱允炆（公元1377年—？），公元1377年生人，是一位书生皇帝，也是一个守成之君。他是明朝的第二位皇帝，他的父亲朱标是马皇后嫡生，明太祖曾将他立为太子，但英年早逝，依照封建礼法传统来看，应当将朱允炆立为皇太孙。朱元璋驾崩后，年仅二十一岁的朱允炆继承了皇位，将年号改为建文，是为建文帝。继位之后，在儒臣黄子澄和齐泰的辅佐下，他采纳了他们的建议，发动了一场政治改革，还在一定程度上削弱藩王的权力，但仅当了短短四年的皇帝，燕王朱棣造反，最终夺得了皇位。自从靖难之役后，没有了朱允炆的踪迹，最终成了一起疑案，为后人留下了疑问。

朱允炆，洪武十年（公元1377年）十三月五日出生，他的父亲朱标是朱元璋的长子，朱允炆的母亲是吕氏。太子朱标的生母是嫡妻马氏，所以朱元璋即位后，就立朱标为太子。朱标是一个性格稳重平和的人，虽然朱元璋并不是很满意这个儿子，但是为了明朝的利益，他还是将朱标立为太子。但是意想不到的事情发生了，洪武二十五年（公元1392年）四月，年纪轻轻的皇太子突然去世，朱元璋非常痛心。为了明朝的未来，皇位的延续，他不得不走出悲痛重新选择皇位的继承人，当时依照嫡长子继承制，朱标的长子是最佳人选，但是十年前就去世了。如此，朱元璋只能立朱标的次子为储君。

当时朱允炆还不到十五岁，朱元璋非常宠爱他。当年他的父亲朱标身患重病，身上长了大肉瘤，痛苦难忍，朱允炆耐心地在身边伺候，整日在身旁陪伴。朱标去世后，朱允炆身为哥哥就开始学会担当，将下面的三个弟弟接到自己身边，每天负责他们的饮食起居。后来朱元璋生病，卧床不起，脾气非常暴躁，好多人都害怕因此受到灾祸，只有朱允炆亲自陪在身边照顾，经常整夜看守，丝毫没有怨气。

洪武三十一年（公元1398年）六月，朱元璋因病去世，遗诏中任命皇太孙朱允炆继承皇位。朱允炆当时年仅二十一岁，在南京登基后，改为建文元年，将生母吕氏封为皇太后。建文帝有着浓厚的书生气息，又不懂治国，他对祖父生前实行的高压政策不太赞同，一心希望实行仁政。他赞成黄子澄、齐泰和方孝孺这三位儒家大臣并视为心腹，对这几位师傅的话非常认同，还在政治制度上进行了改革。刚刚即位一个月，就昭告全国推行宽政，并对死于冤假错案的大臣进行平反，他的这一举措使得洪武时期案件的审断更加公平公正。

建文元年（公元1399年）一月，建文帝下令对江浙一带的田赋进行削减，此外他还对侵占民田的佛、道僧侣们发出诏旨，只准许每一名僧、道拥有不超过五亩免除赋税的土地，多余土地应分给需要土地的百姓。

为了加强皇权，建文帝一如既往地支持黄子澄、齐泰和方孝孺等人设立的新建制，就是为了加强文官的权力，削弱将军和藩王的权力。为了能够使这些改革得到有效贯彻和落实，建文帝提升了黄子澄、齐泰和方孝孺等为行政负责官员，手中大权在握。洪武三年（公元1370年）后，朱元璋为了抵御蒙古的侵扰和叛乱，将他的几个儿子都封为藩王，封地都在西北边境地区和长江附近。藩王都是实行王位世袭制，王子们在各自的封地，每年都会享受到巨额俸禄和权力，每人都拥有三支军队，藩王们拥有兵权，各自分踞一方的势力成为建文帝即位后的最大威胁，他时常因此睡不安稳。

黄子澄和齐泰辅佐建文帝，朱允炆开始削弱各藩王的势力。首先被盯上的是周王朱楠，他是朱允炆的五叔，洪武三年被册封为吴王，又于洪武十一年改封为周王，后来居住在自己的封地开封。朱允炆登基后就秘密命令李景隆率军前往开封，以防守边境为名前往，趁其不备将其抓捕，押送京师。建文帝把周王贬谪到云南蒙化，后来又把他召回京师软禁起来。削周王名义上是周王的次子告密说他另有企图，事实上是另有其意。当时燕王朱棣是势力最大也最具野心的，建文帝早就想对朱棣下手，但周王和燕王是同母的兄弟，关系也非常亲近，所以将周王软禁就是除掉了燕王的左膀右臂。建文帝之后又想尽各种办法将湘王、齐王、代王和岷王废除了封号，最后的终极目标就是朱棣。

朱棣是建文帝最大的威胁，早在洪武三年（公元 1370 年）的五月，朱棣就被册封为燕王，封地定在北平（今北京），之所以将封地定在这个地方，是因为朱元璋想让他在这里镇守北方的边境，以防蒙古军的侵扰。当时燕王才十岁。洪武十三年（公元 1380 年）四月，燕王已经成年，于是前往自己的封地。他曾在宫中接受最好的教育，还在名将徐达教导下展现出过人的军事才能。这之后的十年时间里，燕王朱棣在他的封地守卫着边境，还时常指挥和蒙古人作战，加上老将们的辅佐，他的军事才能更显出色了。因而建文帝在朱棣这件事上非常谨慎。他假借边防的名义将燕王的护卫兵都调走了，又派张爵、谢贵去北平盯紧燕王，还让宋忠率领三万军队驻守在开平，另外在山海关、临清也安排了军队驻守，把燕王朱棣团团包围。但是他首先将其他五位藩王都削弱了，不仅让朱棣提高警惕，还给朱棣整装待发的时间。燕王首先是假装称病，然后又装疯，向朝廷请求将他的儿子遣返。在建文元年六月，建文帝终于允许朱棣的几个儿子回到燕王身边。

建文元年（公元 1399 年）七月，一个效忠建文帝的官员抓住了燕王藩国的两名下级官员，于是把他们送到了京师想要治煽惑罪将他们处决。被燕王抓住不放，说一定要除掉朝廷的奸臣，于是在八月五日率军队向邻近的几个州县发动了猛烈攻击。接着，朝廷和燕王之间就开始了一场长达三年的对抗，就是"靖难之役"。

八月，建文帝率领十三万军队征讨燕王，耿炳文为大将，战败后镇守镇定。九月，建文帝又命李景隆为统帅再次征讨。但李景隆并没有什么作战经验，建文帝又任命驻守济南的功臣名将，获得了东昌之战的胜利。

建文三年（公元 1401 年）二月，燕王朱棣帅军队向南京迈进。第二年六月十三日，李景隆和谷王开门迎接燕王朱棣，"靖难之役"获得了胜利。

建文帝四年的皇位也就此告终。自从城被攻破，他就消失了踪影，人们对他的去向有各种猜测。有人猜测说建文帝是在不得已的情况下才决定焚宫，他携马皇后跳入火中；还有人说建文帝被太监从后门救走，削发为僧，当了和尚。但是这些都是没有经过历史考证的，朱棣登基后一直在找寻建文帝，始终没有结果，这是历史事实。

◢ 局势分析 ◣

建文帝和他的辅臣们都认为应该加强文官的统治，他们将明太祖时期的政策进行修改，和燕王朱棣也产生了矛盾和对立。燕王的封地在北方的边境，依靠军官们的拥护。朱允炆就不同了，他把南京作为根据地，靠的是长江下游的百姓支持。他们觉得像洪武帝时期那样的统治会成为王朝的祸端，因此他觉得提升儒家的地位和文官的权力，再削去半自治的藩王就达到了目标，不料却没有取得成功。因为实战经验太少，也没有周密的计划和果断的领导。

这场内战的结果不仅仅是争夺皇位这么简单。封建王朝时期藩王半自治制度对明朝的稳定来说是巨大的威胁，永乐帝去世后，君王们又开始重新商议儒家关于文官政府的制度问题，在洪熙和宣德时期得出了更为具体的结论。

◢ 说点局外事 ◣

相传朱允炆从京城逃走后，生活过得非常艰苦，一直都在躲避朱棣的追杀，后来隐居在观音崖，一心向佛，直到去世，藏君洞也因此而出名。

朱允炆当时还是皇太孙的时候，明太祖朱元璋曾经出上联"风吹马尾千条线"，让他和朱棣一起出下联。朱允炆的下联是："雨打羊毛一片膻。"朱棣的下联则是："日照龙鳞万点金。"明太祖更喜欢朱棣对出的下联。虽然只是

对对子的一件小事却反映了朱允炆天生平庸、懦弱以及朱棣心中的雄心壮志。明太祖死后，朱允炆为了加强皇权还想了各种办法，但后来江山还是到了朱棣手里。之前的对联就暗示了两人今后不同的命运。

惨遭诛十族的功臣方孝孺

方孝孺（公元1357年—公元1402年），公元1357年生人，是明朝时期的大臣、学者、文学家、散文家和思想家。自幼聪明好学，被乡人称呼为"小韩子"。十五岁时随父兄北上济宁，励志攻读。他的父亲方克勤曾任济宁知府，后因空印案被杀。方孝孺后拜大儒宋濂为师，深受器重。人们对他有两种截然相反的看法，有人赞其尽忠，有人责其愚忠。其虽多次参加考试但未中，却不影响其声名显赫。洪武年间，虽然朱元璋非常欣赏方孝孺的举止和学问，却没有任命他做官。皇太孙朱允炆登基后，招方孝孺入京，予以翰林侍讲学士的职务，在担任建文帝老师的同时，还主持京试，推行新政。因拒绝在"靖难"之役期间为燕王朱棣草拟即位诏书，最后孤忠赴难，被诛十族。

洪武十五年（公元1382年），东阁大学士吴沉和杨枢向朱元璋举荐方孝孺。其曾作诗《灵芝》、《甘露》甚为出色。在宴会上，朱元璋为了试探其为人，命人刻意将桌子斜着摆放。方孝孺没有立马坐下，而是轻声地将桌子摆放整齐。朱元璋见方孝孺不仅学识渊博，而且举止端庄，为人谦和，非常欣赏他。只可惜，因从小受儒家思想的熏陶，而主张施行仁政治国的思想违背了朱元璋以武力治国的政治方针。朱元璋并未重用方孝孺，而是赏予锦帛并送回家乡。在之后的十年时间里，方孝孺一直在家中读书、写作，流传至今的主要著作有《周易考次》、《宋史要言》等。洪武二十一年，方孝孺被仇家陷害，被抓到京城审问。而当朱元璋看到是自己非常欣赏的方孝孺时，网开一面，将其释放。

洪武二十五年（公元1392年），方孝孺第二次受到他人举荐。出任汉中府学教授一职。蜀献王非常赏识他，特地聘请他为世子师。这个官职只是一个九品学官，可以看出朱元璋觉得方孝孺还不能被重用，但当时的方孝孺已经年过三十了。

洪武三十一年（公元 1398 年），朱允炆继位后，下诏书聘方孝孺进京，任命他为翰林侍讲学士。第二年，方孝孺升迁入值文渊阁，朱允炆拜他为师，每当读书遇到问题时便会向他请教，甚至于一些国家大事也会征求他的意见。朝廷命人改写《太祖实录》及《类要》等书目时，任命方孝孺为总裁。后来又曾担任文学博士，与董伦、高逊志等主持京考。方孝孺从心底十分感激建文帝朱允炆对他的知遇之恩。因此，他下定决心辅佐建文帝治理天下。

当时，盘踞于各地的藩王实力逐渐增强，对朝廷的威胁日益增大。为了加强和巩固中央集权，兵部尚书齐泰和太常寺卿黄子澄的削藩建议被建文帝采纳，决定对诸藩王采取军事行动以削弱藩王势力。

建文帝、方孝孺都推行儒家的仁义治国方针，对此还做了一些改革，受到了百姓拥戴，但各地藩王的反叛让他们无力抵挡。

建文元年七月，驻守北平的燕王朱棣挥军南下进犯京师。建文帝不得不派兵北伐。怎奈燕王指挥有方，更凭借强大的军事力量，迫使朝廷一步一步退缩。

靖难之战持续了四年时间，建文帝和方孝孺都被推到了风口浪尖。能够上阵沙场的将领几乎都被精明太祖朱元璋杀得差不多了，眼看燕王朱棣正率大军讨伐而来，无论是文弱书生的建文帝还是满腹经纶的方孝孺面对此时的局势都无计可施。

燕军已然向京城进军，方孝孺的内心深感痛心，他带着悲伤的情绪写下了一首《闻鹃》以表达自己内心悲凉的心境。

建文四年，燕军终于攻到朝廷。谋士姚广孝向朱棣谏言说，即使我们攻下城池，方孝孺也绝不会投降。但是我们一定不能杀他，否则将是天下的一大损失。朱棣对方孝孺也早有耳闻，其学识、品德更是传遍四海，朱棣也想利用方孝孺的影响力收揽人心。朱棣攻下京城后，建文朝中的遗臣们都做了不同的打算，有的以身殉国，有的投靠新主，有的隐居山林，再不抛头露面。而方孝孺的结局让人大吃一惊。

朱棣登上皇位后，首先就是把曾经反对他的人一一残忍报复。朱棣和他的父亲朱元璋的确很像，他文武双全，又野心勃勃，尤其是他继承了明太祖的血腥和残暴。他把建文朝中不归顺自己的大臣彻底清理了一遍，血雨腥风

的味道久久未能散去。他把效忠于建文帝的臣子都做了残暴处决，还把他们的妻子、孩子发配到教坊司，沦为官妓，受尽凌辱。但这些人的下场和方孝孺比起来还不算最残忍的。

方孝孺却坚定自己的立场，绝不投靠朱棣。无可奈何的燕王只得将方孝孺打入大牢。期间朱棣曾多次派人到狱中说服方孝孺撰写新皇帝即位的诏书，但是这根本无法打动方孝孺的心。就连朱棣派去的方孝孺的学生廖镛、廖铭二人都被方孝孺臭骂一顿无果而返。朱棣无奈下令强行将方孝孺押解上殿。告诉他朱允炆早就死了，并劝他像周公辅助成王一样辅助自己即位。

方孝孺披麻戴孝走进朝堂，悲恸大哭，并说朱允炆的儿子应继位。朱棣含糊答道："你不要管，这是我们的家事。"见方孝孺不肯就范，朱棣只好命人强迫他写诏书。而方孝孺却提笔一挥，写下"燕贼篡位"。朱棣见状生气地说道："难道你不怕我诛你九族？"方孝孺毫无畏惧，说："有本事你诛我十族！"朱棣见方孝孺宁死不屈，命人用刀残忍地把方孝孺从嘴角一直割到耳朵。方孝孺不顾满脸鲜血和剧痛仍然骂不绝口。朱棣将方孝孺打入死牢，并大肆搜捕他的亲属。行刑当日，他的亲属被押往南京聚宝门外的刑场，当着方孝孺的面一个一个杀死。

局势分析

论史者对于在明初时期的靖难之变中方孝孺的死有着两种不同的观点，这也始终都是一个争论不休的话题。其中一种是像我们文中所说的是建文帝的忠烈儒臣，还有一种说法称其是最愚蠢的效忠方式。显然这两种说法完全相反，方孝孺的死始终引起后世人们的争议，因此我们不得不去评析方孝孺之死的现实意义。

自从建文帝继位后，开始削弱各个藩王的势力，这件事方孝孺也参与其中，削弱藩王意在加强皇帝的中央集权，这件事关乎皇位的巩固和皇权的统治，也关乎黎民百姓的生活。然而燕王朱棣不好好做他的藩王却拥兵造反，谋权篡位，破坏了大明朝的规矩，用现在的话说就是违背了宪法。燕王攻入南京城之后，方孝孺誓死不奉诏，惹怒了明成祖朱棣，惨遭诛十族的悲剧。

说点局外事

当明成祖朱棣对方孝孺诛十族之时，方孝孺还有一个二儿子名叫方泊吾，此时正在外游学，听说了这个消息后，立刻做出了两个决定。

一是为了能够使方家后继有人，他对外称自己姓方泊，名为一个字吾。

二是为了给方家延续香火，他决定从江苏开始出发，经过井冈山、遵义，还爬雪山过草地，最后他来到了河北省的唐山市玉田县。当时的玉田只是一片湿地，方泊带着书童玉女在这里搭建了一个"方泊铺子"，从此以后就在这个地方生活下去，不断繁衍，到现在为止已经有21代。

方泊铺子全部都是方孝孺的子嗣，如今已有310人，但在全国范围内还不超过400人，这个数量可比大熊猫还要珍贵啊！因此，国家计划生育委员会特此批准：凡是姓方泊的人都有权利生两个孩子。

第二章　从中原升起的泱泱大国

自永乐大帝去世，他的儿子朱高炽继位，此后是朱瞻基，这段时期明朝出现"永乐盛世"，永乐之后的两位皇帝沿袭了明朝繁荣昌盛，励精图治，在决断上倾向于守城之策，希望明朝能够出现西汉时期文景之治那样的景象，君臣之间达成信任关系，因此明朝在开国扰乱和靖难之役后逐渐走上了稳步发展的道路，将明朝推向了一个崭新的繁荣阶段，迎来了"仁宣之治"。在仁宣之治时期，明朝的政治清明、法律制度严明、国库充足、仓廪充足、百姓安居乐业，举国上下呈现出一片国泰民安之景、太平祥和之象。

明朝的"文景之治"

出生在帝王之家，生来就有尊贵的身份，这本是一件幸运的事。但是明成祖朱棣刚出生时，明太祖朱元璋还在为批改不完的奏折而夜以继日地操劳，因此，朱棣虽然生在帝王之家，却有着常人难以想象的童年生活，而朱棣的生母也被人们议论纷纭，直至今日也没有一个清晰的结论，成了历史上的一个疑点。

在中国封建社会中，由于皇帝的子嗣很多，因此定了个老规矩，皇子分为嫡出和庶出。一般来说，皇位的继承人都从嫡系的后代中挑选出来，庶出的后代地位自然就降低了，没有入选的资格。

从史料中推测，朱棣的生母极有可能就是朱元璋的一位偏妃，还有一种猜测说朱元璋攻进元大都的时候，看到元顺帝有一个长相貌美的福晋，就是洪吉喇氏，这时候朱元璋起了色心，于是将洪吉喇氏带回宫纳为妃子。然而当时洪吉喇氏怀有身孕，后来生下了一个儿子，这个人就是明成祖朱棣。这个猜测是出于建文帝在削藩的时候，首先制裁的就是周王，周王和朱棣关系最近，先除掉他就等于斩断了燕王的左膀右臂，当然了这些都只是猜测。

朱棣（公元 1360 年—公元 1424 年），公元 1360 年生人，是明朝第三位皇帝。发动靖难之役当上了皇帝，知道自己的皇位来得名不正言不顺，担心遭到旧臣们的排斥和非议，于是他想了一个好办法证明自己是正当的皇家血脉，他说自己是马皇后的儿子，流的也是朱家的血液。在朱棣掌权时期，他对《太祖实录》中许多地方都进行了修改，尤其是不利于自己的言论，通通命人修改了。历史也是人写的，只不过编写出来的更倾向于胜利者的意志，这点事对于九五之尊的皇帝来说根本不算什么，顶多就是动动嘴皮子的事儿。

当朱棣在南京出生的时候，他的父亲朱元璋正和陈友谅在战场上进行激烈的较量，所以朱元璋都没能看一眼自己的儿子。朱元璋登上皇位的时候，朱棣才 7 岁，大明江山坐稳了才想起自己的儿子，居然连个学名都还没起，赐名为朱棣。可怜的朱棣直到 7 岁才真正有了自己的名字。

俗话说"虎父无犬子"，朱元璋这个打下了大明江山的英雄对自己的儿子自然是严格要求，还安排他每天参加各种朝祭，无论是诗文还是武艺都是朱棣每天都要学习的内容。除此之外，朱元璋一忙完政务就会考察他所学的课程，对朱棣的管教非常严厉，正是在这样的教育下长大的朱棣，才使他具备了坚毅的品格。

朱棣如何将皇位争夺过来的？不得不先从朱元璋说起。明太祖朱元璋和汉高祖刘邦有许多相同之处，刘邦掌权之后，首先就是把自己的儿子和各大功臣纷纷册封为王，但他却没有想到这样分封会给中央集权的统治带来多大的麻烦，后来地方牵制中央，不听命中央的调度，中央集权无法得到加强，渐渐就会失去实权。最后各藩王纷纷联合到一起，以"清君侧"为名，合伙造反。

朱元璋也是一样，他在建国后将自己的儿子们分别分封为诸侯王，并给他们政治、经济和生杀大权，但他万万没有想到，他在世的时候，诸侯王们不敢轻举妄动，但是在他死后，这种体系的弊端就暴露出来了，国家发生了极大的动乱，给百姓的生活带来了影响，社会动荡，大明王朝因此岌岌可危。

朱元璋最早将长子朱标立为太子，打算让他接替自己的皇位，朱棣等人都被册封为王分到了各自的封地，谁也没有料到，太子朱标福薄，他从小就体弱多病，身体不健壮，朱元璋又比较长寿，朱标到死都没有登上皇帝的宝座。年迈的朱元璋非常痛心，自己呕心沥血培养的太子说走就走了，因此他想要把太子之位交给自己的长孙朱允炆。按理说长子去世了，还有其他儿子啊，但是朱元璋并没有遵循长幼顺序册立太子，一意孤行地将朱标的长子封为皇长孙，此后，朱允炆就成了朱元璋的储君继承人。

朱元璋的做法遭到了众臣的反对，也使他的儿子们深感不满，朱棣虽然不善于将情绪表露出来，但在他的心里更是对自己的父亲有了很大的成见。

洪武三十一年，明太祖朱元璋去世，遵朱元璋遗诏，朱允炆登上了皇位，是为建文帝。但是当时的情况对他来说已经岌岌可危，三叔已死，二叔、四叔朱棣的势力都在不断增长，朱棣常年整顿军队兵马，因此他的军事实力和威望对朱允炆的皇位来说无疑构成了巨大威胁。

后来朱允炆找来谋臣一同商议此事，方孝孺的建议被建文帝采纳，此后开始大力削藩，意在削弱燕王朱棣的权力。朱棣一看，自己的侄子竟然敢削藩削到四叔头上，立刻急了。朱棣调集了北京的兵马，昭告天下，以"靖难"为名带领大量兵马浩浩荡荡向南京行进。所谓"靖难"，就是说皇帝身边有奸臣作乱，朱棣假装来消灭这个奸臣贼子的。

朱允炆听到这个消息，立即派军队去途中拦截，朱允炆太稚嫩，怎么能敌得过这个身经百战的叔叔朱棣呢！在军事手段和政治手段上都没有可比性。很快朱棣的军队就拿下了南京。主张削藩的大臣如方孝孺等人都被朱棣处决，然而此时建文帝却不知去向。对建文帝的去向有三种猜测：有人说他知道自己没有胜算，于是在宫殿里放火自焚，被大火烧得面目全非，后来朱棣还去看了被烧焦的人骨，还假装吊唁建文帝。第二种猜测说朱允炆化装之后再随从的带领下逃出了宫，从这以后便隐居，并改名换姓，直到去世。还有一种猜测说皇帝是坐船逃了出去，一直逃到了其他国家。

不管事实究竟如何，但在历史上讲，建文帝确实死了，朱棣造反夺位，登上皇位，坐上了这把象征着权力和地位的交椅。

虽然朱棣的皇位不是通过正当渠道得来的，但不可否认的是，作为一国之君，他勤政爱民，为国家的政务呕心沥血，在他的统治下，政治改革，国家逐渐变得强大，百姓过上了安稳的生活，对边疆地区的防御也逐步加强。从历史的角度整体评价朱棣，虽然他的性格上有一些残暴的特点，但整体来讲他是一个忧国忧民的好皇帝，在他的统治下，明朝也发展成为了一个强大的国家，为日后的发展打下了坚实基础。

朱棣当上皇帝后，首先做了一个决定，就是将都城南京迁到了北京。他在北京待的时间不短，自然是对那里更为熟悉，无论是政治环境、地理环境还是人员构成，都在他的掌控之中。除此之外，他还信奉迷信，南京是朱棣篡权夺位的地方，建文帝也是在那里被他逼下了台，虽然达到了他的目的，但是这个地方总令他觉得有些不舒服。因此他毅然决然地做了这个决定，南京这个是非之地不宜久留，于是立刻把都城迁到了北京，经济和政治中心自然北移，朱棣的这个决定对中国北方的发展建设创造了有利条件。

朱棣为了加强中央集权，废除了丞相，因此国家的重要事务都需要皇帝亲自做决定，他每天日理万机，难免有些政务一时间顾不过来，于是朱棣设立了内阁大学士这个职务，为他解决了这个难题，他从这批内阁大学士中挑选出来一批出类拔萃的官员，如解缙、胡广、杨士奇等人共七位，历史上称他们为"内阁七学士"，官员们各司其职，朱棣之所以能够成就太平盛世也有他们这些大学士的功劳。

朱棣设立了内阁，虽然看上去权力相对分散，涉及国家大事，朱棣还是需要亲自处理的，内阁大学士并没有决定的权力，只发挥辅助作用。与此同时，内阁大学士的人员越多，他们彼此之间越是能够牵制对方，还能避免权力独大的发生。

之前说到了，建文帝有可能是在朱棣打进来之前就逃到了外国，这对朱棣来说可是最令他头疼的事，他曾经四处打听建文帝。在朱棣掌权时期，为了显示大明王朝的雄厚实力，他还特地派郑和七下西洋，他的这一举措使明朝和各国的文化和经济有了更进一步的交流与沟通，对中国文化有了极大的促进作用，同时也增进了与其他国家之间的友好关系。

元朝被推翻了，但仍然有部分残余势力还在长城北部一带猖獗，明朝的

统治存在着隐患，朱棣当上皇帝，为了黎民百姓和大明江山，他自然不会坐视不理。在朱棣统治时期，为了能给人民的生活带来安宁，他不惜耗费大量的资金向蒙古亲征五次，这对蒙古来说是一个不小的打击，战争过后还扩大了明朝疆土。

为了能够使北部疆土得以稳定，朱棣曾五次亲自率军出征蒙古。永乐二十二年（公元 1424 年），朱棣在北征回京的路上在榆木川去世，被葬在长陵。

局势分析

就明成祖来说。其一，他是这个国家的统治者，明太祖时期制定的政策也被他调整过，明朝的文官制度得到完善，明朝的事业也相对稳固，推动了明朝的发展。

其二，从中国历史发展的角度看，明成祖是一个非常重要的人物，对国家的发展不仅起到了推动作用，还带领中华民族向多元化迈进。

其三，明成祖有雄心壮志也有残暴血腥的一面，他的血腥不仅在政权的争夺和镇压反对派的残忍上，在夺取政权后他另外建立了东厂，这加强了对政治和军队的统治，在他统治时期同时也是宦官弄朝的开端。

其四，人们都觉得永乐盛世是从汉朝到唐朝的一个大跨度的盛世，但实际上这个盛世是得来不易的，是百姓付出代价才获得的。

假如想要成就霸业，又想要维护百姓的利益，这是一箭双雕，但是历史人物总是会被人拿来评价的，所以我们只会指出他这一生中做过的事和致命的缺点。他是一个有韬略有才华的君主，但又给百姓带来了巨大的压力。在明朝这一历史阶段，明成祖是一个非常重要的人物，即便是在历史上，明成祖依然是一个历史发展的关键性人物，他完善了中国的文官制度，还为明、清两朝的格局奠定了基础，对明、清两朝的政治发展产生了深远影响。

说点局外事

朱棣带兵亲征据说与传国玉玺有关，而这个具有权利象征意义的传国玉玺最早是从秦始皇那里来的，它也是身为九五之尊的皇帝拥有至高无上权利的标志。经历几千年，天下枭雄都为这块石头而争斗厮杀。而传国玉玺在经历了汉、晋、隋、唐、宋这几大朝代后，竟在元朝没了音讯。据传，辽国的帝王得到了这块玉玺，送给了元朝，又说，朱棣这个皇位来得不正当，他想要借玉玺为自己正名皇位。

历史的实录笔者

每一个不甘平庸的人都希望遇到一位明君，能够使自己的才华得以施展，倘若始终遇不到自己的伯乐，将会是一件令人愤懑的事情。建文帝时期，解缙就是一个郁郁不得志的人，但他是一个识时务的人，"靖难之役"过后，他重新为自己选择了一条路，他将明朝历史和文化客观地记录下来，为后人留下了极其宝贵的财富。

《永乐大典》总纂修和对联大师。

建文元年，建文帝朱允炆在执掌政权后，便开始推行削藩政策。燕王朱棣不甘心就此失去权势而起兵反叛，发动了"靖难之役"。这场战争历时四年，包括大小百余战。建文四年，建文帝的军队被打败，燕王朱棣率领部队挺进京师。解缙逐渐出现在人们的视野里。

解缙（公元 1369 年—公元 1415 年），公元 1369 年生人，明朝第一才子。起初，他在建文帝手下做事，但是却一直不得重用，解缙不甘平庸，后来，他转而投向了永乐帝朱棣。他坚信自己是一个有用之才，而朱棣就是他所要寻找的可以让他施展才干的伯乐，在朱棣手下，解缙成了朝中举足轻重的内阁首辅大臣。

在朱棣即将进入京城的前一天晚上，解缙与他的同乡胡广、王艮、李贯三人聚集在吴溥家中，商议着投降朱棣的事情。

当晚商议之后，解缙连夜赶到燕军的大营。那个时候，朱棣正在担心建文遗臣们不肯归顺自己，听到解缙，这个名满天下的大才子前来投奔自己，非常高兴。第二天，在解缙的劝说下，胡广与李贯也都归顺了朱棣。

一朝天子一朝臣，虽说如此，但朱棣希望旧臣们都能留下来尽心辅佐他，也可以使他坐稳皇位。对解缙来说，投降新君让他倍感压力，但为了自己的前途，他毅然决然地选择了奋不顾身。

在当时的封建社会中，解缙的归降是一件非常可耻的事情，但是，解缙却不管这些，他在建文帝那里受够了冷落，只希望能够得到这个新主的赏识，好让他施展自己的才华。

很快，解缙如愿以偿地得到了朱棣的赏识。朱棣让他负责起草《登极诏》。《登极诏》原本是让明初另一位著名的才子方孝孺草拟的，但是，方孝孺忠于建文帝，宁死不愿意草诏。解缙接到这份任务后，觉得这是一个他表现才华的机会，于是，非常用心地写出了《登极诏》。

对于这篇《登极诏》，朱棣非常满意。诏书中狠狠地指责了建文帝"崇信奸回，改更成宪，戕害诸王"，同时，又讲到援"祖训"，起兵"靖难"，屡战屡胜，以及想要效仿周公辅佐成王的故事，只因为建文帝自焚而死，又迫于众人议论，再三拒绝之下，担心百姓生活疾苦，也担心大明江山旁落他人，因此才勉强登上王位。随后，便列出了大赦释免、安民给赏等一系列条款。这就是所谓的"称旨"的诏书。朱棣称帝之后，改元永乐，是为永乐帝。

解缙主动迎附与草诏二事都赢得了永乐帝的欢心，得到了皇帝的宠信，开始了他光辉灿烂的仕途。

眼前的一片光明来得太突然了，解缙归降永乐帝的第二个月，便从九品一下变成正六品，其官职由翰林待诏升任为本院侍读。解缙深得永乐帝赏识，仕途一路恒通，官职节节高升。

八月份，解缙被升为文渊阁大学士，参与机务。有一次，永乐帝对别人这样说道："天下不可一日无我，我则不可一日少解缙。"由此可见，永乐帝对解缙的重视程度。

在解缙辅佐下，永乐帝处理政务倍感得心应手。没过多久，永乐帝又赐给解缙一袭金织罗衣，从此，解缙正式成为了永乐帝最重要的内阁大臣之一。

同年中秋，永乐帝将解缙等人召来，让他们查阅一遍建文帝在位时候，群臣所上的"封事"，将涉及"靖难"削藩之事的全部焚毁，避免群臣疑虑，解缙等人遵旨照办。

晚上，永乐帝在宫中大摆筵席，与近臣们一起赏月。没想到，浓云掩月，这让大家有些扫兴。解缙当即作词一首：嫦娥面，今夜圆，下云帘，不着臣见。拼今宵倚阑不去眠，看谁过广寒宫殿。

这首词并没有什么新奇，但是，永乐帝却对那股不甘罢休的劲头很是赞赏。于是，永乐帝又让他作长歌助兴。夜半，浓云逐渐消散，明月高挂空中，永乐帝高兴地说道："才子！真是大才子啊！"这个时候，他们君臣之间的关系已经处得十分融洽了。赏月为永乐帝和解缙的关系又添了一把火，君臣关系非常和谐。

后来，永乐帝更是器重解缙，还交给了他一个光荣而艰巨的任务，这个任务的完成不仅为我们流传下来了中国古代的大量文化集锦，也成就了解缙在历史上举足轻重的地位。

永乐元年七月，永乐帝怀着勃勃雄心，想要将中国古代典籍尽量收集齐全，于是，他下诏编纂一部类书，并将此类书命名为《永乐大典》。永乐帝将这项任务交给了解缙，任命他为《永乐大典》的总编。对于文人而言，这是非常光荣的事。隔着朝代修著历史，盛世出书，这薪火相传的重任，在中国历代知识分子眼中，属于极其神圣的职责，因此，这次大任很好地奠定了解缙学界泰斗、文坛巨子的地位。

在朱棣眼里，这部典籍应该是一项巨大的工程，解缙应当不负使命，但直到永乐二年十一月，解缙把编纂好的图书进呈永乐帝，永乐帝却发现这与他的要求有很大差别，主要是还有许多典籍没有收录进来。于是永乐帝决定重新编修，并且，让靖难功臣，比如，姚广孝、刑部侍郎刘季篪等也参与其中，前后参与编修者将近3000多人。永乐帝非常重视这件事情，命令大家在文渊阁开馆修书，早晚的膳食由光禄寺供给。永乐帝看到文渊阁中的书籍不是很完备，就命令礼部选派通晓典籍的官吏四处购求典籍。可见永乐帝对这部著作的重视程度。显然还是解缙太小看永乐帝交给他的这项任务了，致使永乐帝决定让他重新编撰。

在永乐帝的关心与支持下，《永乐大典》历经五年编撰，终于在永乐五年十一月完成。《永乐大典》共有 22877 卷，有凡例、目录 60 卷，全书分装为 11095 册，内容包括经、史、子、集、百家、天文、地志、阴阳、医、卜、僧、道、戏剧、小说、技艺等方面内容。该书所引用书籍达七八千种，字数大约有三亿七千多万，其规模之大，在历史上无与伦比。它比法国狄德罗主编的《百科全书》要早 300 余年，字数约是《百科全书》的 12 倍。这一次，解缙在编撰的时候，旁征博引，在很短的时间内，就汇集了从先秦到明初的著作，经史子集等都分门别类。最难能可贵的是，《永乐大典》在编辑各类材料的时候，都按照原书整部、整篇、整段地收入，没有修改一个字，这使得许多古籍得到了很好的保存。

《永乐大典》属于我国历史上一部大型且非常珍贵的历史文献，是汇聚中国古代文化成果的宝库。《永乐大典》的问世，离不开解缙等人的辛勤劳动，是他们聪明才智的集中体现。

解缙在担任《永乐大典》总编一职的同时，又受命重修《太祖实录》。解缙被任命为《太祖实录》总编，开展实际工作。这一次，解缙表现得非常慎重，在书成之后，将所有的草稿都焚毁了，以免日后引来麻烦。解缙此举与当时政治形势有着很大关系，在追杀建文帝遗臣的恐怖气氛中，史官必须审慎行事，一不小心，就可能给自己招来杀身之祸。解缙虽然很有个性，但经过了多年政治生涯的磨炼，他也慢慢地懂得该如何改造和保护自己了。

这次改修实录的主要任务是去掉其中涉及永乐帝夺位忌讳的地方，并不是真正的重修。永乐六年，也就是公元 1408 年六月，解缙将修完的书上呈给永乐帝，永乐帝阅读之后非常满意。

永乐十三年正月十三日（公元 1415 年 2 月 22 日）锦衣卫纪纲上囚籍，明成祖见到解缙的名字就问："缙犹在耶？"纪纲一向草菅人命，解缙非常痛恨他。所以他担心明成祖会将解缙赦罪或者重新对解缙委以重任，于是立刻回到大牢，假装摆酒庆贺，将解缙用酒灌醉，埋在雪中致死，终年四十七岁。

局势分析

解缙才华横溢，在他的一生中共遇到了四位皇帝，朱元璋、朱允炆、朱棣和朱高炽，除了朱允炆之外，其他几位皇帝都很赏识他的才华和学识，并且重用他，给了他很高的评价。这在历史上已经很了不起了，能够获得皇帝称赞的就已经是莫大的荣耀，在中国古代封建社会中，像解缙这样如此有才华的文人是不多的。

解缙是个文人，他的风格很传统，虽然在文学舞台上能够显示出他的才华，但置身于复杂险恶的官场，他并不一定能适应。但是他始终无法抵御自己内心对权力的渴望。他将自己投身官场，却始终没有改变文人的行事风格，这一点就决定了他的仕途不会一帆风顺。

说点局外事

洪武二十年（1387年），解缙正是意气风发的少年，就在这一年，他参加了江西省的乡试，一举得了解元，人们称他为"解解元"，只有参加乡试得了第一名的人才会被称为"解元"。第二年，他又进京会试，排名第七位，到了殿试，被录了二甲进士。他的哥哥解纶和妹夫黄金华同被录为进士，人们纷纷向解家道喜，一下就出了三个进士。

解缙从小就被人称为才子，这次会试居然排到了第七名，这让人很惊讶。原来是主考官见解缙的文章一气呵成，个性鲜明，文章气势磅礴，但文笔过于尖锐，主考官确实考虑过要将他点为一甲，作状元人选，但除了这位考官，其他考官都认为解缙的才华毋庸置疑，文章在用词上也非常犀利，怕是走仕途会给他招来是非，对他也不是一件好事。于是才把解缙的排名故意往后放，最后排到了第七名。

明朝甫立，明太祖甚是重视首次会试，在考试前夕，二月丙寅日的夜晚，朝中专司观星宿的钦天监见到天空有一颗大星在天空的东井壁位置出现，呈赤黄色，一闪一闪很光亮，这颗大星一直朝着东北方向移动，最后逐渐变得模糊直到后来看不见了。之后，这位钦天监上奏明太祖说："是为文士效用之占。"朱元璋崇信阴阳术数，他听到这个消息之后非常高兴，笑着说道："国之昌盛，必有祥瑞！朕一定能从中抡选出英才，为国所用。"

朱元璋本是一位雄才大略的开国明君，为了国家挑选有用之才应当是不拘一格的，殿试前他将会试中录选的一二甲试卷翻看了一遍，翻阅到解缙的试卷时，他发现解缙文笔犀利雄健，立论也很有新意，别出一格，在殿试中，朱元璋见他才华确实不凡，想要排除他人的意见，钦点他为状元，但是有权臣向朱元璋进言："首开科甲，为国抡元，当取吉祥以顺民心。解缙字大绅，点为状元，'缙'、'绅'俱'解'，于国不吉。"朱元璋听后默不作声，为了国家的吉祥太平，于是决定舍却解缙，将名字有吉祥之意的"任亨泰"钦点为状元。

就这样，解缙和状元之名擦身而过，但解氏一家，"一门三进士"的消息一传出，就轰动了解缙家乡的百姓，京城也大为震惊。一时间被流传为是盛世的标志。当时在殿试中被钦点为状元的任亨泰却远远不及解缙的建树。

仁宣之治的幕后推手

仁宣之治时期，"三杨"是内阁制度的中流砥柱，更是仁宣之治的幕后推手。形成仁宣之治的政治局面离不开"三杨"的功劳。

"三杨"分别是杨士奇(公元1365年-公元1444年)、杨荣(公元1371年-公元1440年)和杨溥(公元1375年-公元1446年)，他们都是明朝初期著名的内阁大臣。在永乐、洪熙宣德和正统时期他们都在朝为官，还是朝中重臣，尤其是仁轩时期。当时对他们的描述是"天下建言章奏，皆三杨主之"。

明朝时期大部分的皇帝都疑心重，君臣关系也没有最基本的信任，纷纷彼此猜忌，然而三杨的地位却能够稳居内阁之位，并能够在朝中形成权势力量，政治抱负也得以施展，三杨辅政成为历史上广为流传的千古佳话。

杨士奇，老家江西泰和，因为他长期居住的地方，人们称他"西杨"，是三杨之首。杨士奇家境贫寒，父亲很早就去世了，母亲又改嫁他人，所以改为姓罗。杨士奇幼年时就聪明勤奋，以一介布衣的身份进入翰林院。永乐时期，成为朱高炽的老师，负责教导小太子的学习。后来成为动工官，为了辅佐太子朱高炽当上皇位尽力维护太子利益。仁宗时期被提拔为礼部左侍郎兼华盖殿大学士，后来又担任兵部尚书。他是一个厚道有宽容心的人，能够发现别人的长处，宽容别人的短处，比如明初时期的名臣周忱等都是由他推荐的。杨士奇曾推荐过 50 多人，都是有名的贤士。他心系百姓，因曾是一介布衣，能够体会百姓生活的艰苦，能够在繁琐纷乱的政务中保持理性的头脑，审时度势，能够将事情考虑全面。他遵循纲纪，同时又具有政治家所具备的才华和头脑，深受皇帝的器重。他行文如流水，并且出自他手的文章颇具感染力，在内阁中负责主笔，皇帝的各种赦免、诏书、圣旨和手谕等都是出自他手。但是杨士奇虽然善于看人，却没能将自己的儿子管教好，杨士奇在 70 多岁时，他的儿子在乡里横行霸道，打死了人，朝廷将其逮捕，看在杨士奇的面子上，朝廷没有处置他的儿子，而是在杨士奇死后才将其子处死。

杨荣，是福建建安人，根据他所处的方位，人们称他为"东杨"。杨荣反应机智，在政治场上也具有很深的谋略，他最擅长的是对边疆地区的防御，有谋略善决断。明成祖进入南京正准备登上皇位时，杨荣站在朱棣的马前说："殿下先谒陵乎，先即位乎？"朱棣听后顿悟，赶忙掉头去拜谒孝陵。也正因为这件事，在明成祖心中杨荣是一个在关键时刻能够点醒他的人，因此朱棣重用他，多次征战都让杨荣随从作战，负责边防规划，参与军事的决断，将其提升为文渊阁大学士。在"三杨"中，只有杨士奇和杨溥两个人要么壮志未酬，要么被捕入狱，然而在永乐时期只有杨荣深得帝心，受到了重用。同为内阁，"同值七人，荣最少，警敏。一日晚，宁夏报被围，召七人，皆已出，独荣在，帝示以奏。荣曰：'宁夏城坚，人皆习战，奏上已十余日，围解矣。夜半，果奏围解。"到了仁宣时期，杨荣更加受到皇帝的重用，君臣之间建立了彼此信任的关系。人无完人，杨荣也有他的缺点，他自视甚高容易骄傲，和内阁同僚也时常发生摩擦，还收纳边将的赠礼，同僚对他这点都很不满。

杨溥，湖广石首人，是三杨中的"南杨"。永乐时期，他曾经负责太子洗马，由于太子差遣御史去迎接明成祖行动缓慢，被汉王进谏谗言，在大牢里被关了十年。仁宗登基以后，接连提拔杨溥，还创立了弘文阁并让他负责管理。但是这并没有使杨溥发挥出他的潜能，而宣宗则是让他施展才华的人，让他在内阁做事。杨溥虽然平日里不爱说话，但有很好的操守，"每入朝，循墙而走。诸大臣论事争可否，或至违言。溥平心处之，诸大臣皆叹服"。

除此之外，为仁宣之治做出贡献的还有夏原吉和蹇义。夏原吉，擅长理财，永乐时期担任户部尚书一职，一直负责主持政府的财政收入和支出。明成祖曾经先后五次率军北征、派郑和下西洋、向安南征战以及对北京进行修建等大事件的措施和保障都是由他负责的。蹇义当时是东宫的属官，善于策划，做事谨慎周全。

杨士奇等人在性格上都各有不同，但在纷乱复杂的朝廷中相互扶持着在明争暗斗的官场中生存下来，他们之间的关系非常密切，在官场上形成了牢固的铁三角。杨荣很有才华，但容易骄傲，处理事务的能力也很强，"论事激发，不能容人过"，杨士奇有着宽厚大度的心胸，能够包容人的短处，这就使之成为三杨之首，杨溥不畏权势，办事公平公正，是三杨中一名不错的成员。

虽然三个人的关系不能始终保持融洽，即使有恩怨，也能够以大局为重，彼此之间多多包容。宣德五年（公元1430年）六月，宣宗召杨士奇进谏，命退左右，秘密向杨士奇询问杨荣是否在大量蓄马。在当时那个时候，蓄马是被禁止的行为，但是有人弹劾杨荣曾收受边疆将领赠予的马匹。杨士奇听宣宗之意，立刻将话题岔开，还为杨荣找理由，说杨荣跟随明成祖多次率军北征，认识了许多边疆有才华的人，因此非常了解敌人的军情，从这一点上来看，杨荣首屈一指。朱瞻基又问杨士奇："朕初即位，荣数短汝，非（蹇）义、（夏）原吉，汝去内阁久矣，汝顾为荣地耶！"杨士奇听到这样的话之后并没有觉得生气，而是劝慰宣宗希望能够包容杨荣所犯过的错，给他时间让他悔过改正。杨荣听说这件事后，对杨士奇的为人非常佩服，从此更加尊重杨士奇，两人关系更为融洽。

宣宗很信任三杨，君臣关系稳固融洽。"当是时，帝励精图治，（杨）士奇等同心辅佐，海内号为治平。帝乃仿古君臣豫游事，每岁首，赐百官旬休。车驾亦时幸西苑万岁山，诸学士皆从。赋诗赓和，从容问民间疾苦。有所论奏，帝皆虚怀听纳。"

三杨辅政，协助宣宗将汉王和赵王的威胁扫除，汉王朱高煦和赵王朱高燧都知道在靖难之役中功勋卓著，于是就开始打皇位的主意，这也使得仁宗在走向皇位的路上充满了凶险，宣宗登基后，虽然两位皇叔一直在自己的封地，但争夺帝位的念头从来没有打消。宣德元年（公元1426年）八月，朱高煦开始蓄意争夺皇位，和英国公张辅秘密取得联系，还买通他做自己的内应。谋反的事情刚刚发生，三杨就纷纷向宣宗谏言，而宣宗先劝朱高煦罢兵投降，但朱高煦并不听劝，还对宣宗指责起来，说宣宗不遵循组训、夏原吉这些人都是奸臣。

这场皇位争夺战是避免不了的。既然发生了，该怎么解决呢？大臣们的意见各不相同。宣宗采纳了杨荣的提议，率军出征，最后平定了叛乱。凯旋归来后，宣宗经过反复思考，觉得杨士奇和杨溥说的话都有道理，让大臣们将朱高燧的奏章拿给赵王看，赵王知道反叛的后果，也深知大势已去，于是主动请求削去藩王封号，因此才能够保全自己。

在明朝内阁制度的制定上，三杨也发挥了重要的作用。永乐时期是内阁制度形成的开端，起初他们的作用只相当于皇帝的秘书这样的一个性质，到了宣德时期，中央集权也逐渐加强，内阁的地位也提升为中枢决策机构。虽然宣宗时期不仅"内柄无大小，悉下大学士杨士奇等参可否"，而且最重要的是对内阁授予了投票批签的权力，就是能够批阅奏章。"至宣德时，始令内阁杨士奇辈及尚书蹇义、夏原吉等，于中外章奏，许用小票墨书贴各疏面以进，谓之条旨。中易红书批出及遇大事犹命大臣而议，议既定，传旨处分，不得批签，自后始专命内阁条者"。意思就是说，内阁大臣基本上拥有票拟权，同时也是阁臣专有的权力。

三杨都是在朝中担任阁臣时间较长的，"杨士奇在内阁四十三年，虽其始不过为学士，然已预机务，后加至公孤，始终在枢地，不出内阁一步，古来所未有也。同时值内阁者，金幼孜三十年，杨荣三十七年，杨溥二十二年"。他们都担任重要的职务，和皇帝的关系非常密切，机密的重大事务都提前听说了。就像赵翼口中说的："迨仁宣间，三杨在内阁久，所兼官屡加至师傅，于是官阶益尊，虽无相之名，而已有均衡之重。"

杨荣、杨溥、杨士奇三人都是朝中的内阁大臣，跨越了洪熙、宣德和正统这三个时期，被称为"三杨内阁"。在担任辅臣时期，为边疆的防御、吏治的整顿以及经济的发展都作出的卓著的贡献，在三杨的辅佐下，明朝的综合国力才会得到迅猛发展，明朝时期的内阁大臣的地位也有所提高，从开始的为皇帝办事人员一下子上升到具有决策权力的辅臣，三杨立下了不可磨灭的功绩，因此他们是列为明朝的名臣。明人焦竑在《玉堂丛语》卷七中说道："正统间，文贞（杨士奇）为西杨，文敏（杨荣）为东杨，因居第别之。文定（杨溥）郡望，每书南郡，世遂称南杨。西杨有相才，东杨有相业，南杨有相度。故论我朝贤相，必曰三杨。"

三杨都是在建文时期进入的翰林院，洪熙元年（公元1425年）宣宗即位，杨溥进入内阁和杨荣、杨士奇等一同负责军机要务，宣德九年（公元1434年）调到礼部尚书，担任内阁。杨荣在永乐十八年（公元1420年）晋升为文渊阁大学士，仁宗时期被晋升为谨身殿大学士兼工部尚书，宣德时期，汉王为争夺皇位而密谋反叛，首次跟随皇帝御驾亲征，五年（公元1430年）进入少傅。仁宗即位后，杨士奇被晋升为礼部侍郎兼华盖殿大学士，后来兼任兵部尚书。

在三杨中，杨士奇先后受仁宗、宣宗、英宗知遇于三朝，在文渊阁任职四十年，任职时间可称得上是明朝之最。处理事务识大体，请免赋薪、削减官田、平反冤假错案、淘汰工役、安抚逃民、彻查贪官污吏，百姓都很爱戴他，他善于识人，举荐的都是名士。

杨荣机敏通达，善于观察当前形势，他在文渊阁任职三十八年，有谋略处事果断，老成稳重，并且他精通地理、边防，是皇帝得力的辅臣。在英宗初期，三杨共同辅佐朝政，在内阁担任了很长时间的职务，共同掌握朝政，三朝都在他们的辅佐下顺利发展，海内安定和平，对"仁宣之治"做出的贡献更是巨大的。

郑和七下西洋

郑和（公元 1371 年—公元 1433 年），公元 1371 年生人，他是明朝宦官、历史上著名的航海家、外交家。郑和原名马和，字三保，在洪武四年（公元 1371 年）在云南省昆阳州出生。他本出身于名门望族，家族和忽必烈的蒙古军队四处征战，从很远的地方迁居到云南，从那以后就世代在这里生活。元朝时期，他们被称为"色目人"中的一类。

元朝中期，家族出现了一位大人物，他是赛典赤·瞻思丁，蒙古语"赛典赤"翻译过来就是"贵族"。至元十年（公元 1273 年），赛典赤在云南建行省后任平章政事，在他上任之后，加强了对云南的统治。郑和就是他后裔中的一位。赛典赤·瞻思丁是马和的六世祖，马和的父亲也曾经被封为"滇阳侯"，马和的家族是显赫的王族，他从小就是在优越的环境中成长的。

但当马和出生的时候，元朝气数已尽，朱元璋消灭了割据势力，建立了新的王朝。明朝建立五年以后，昆明滇池还未脱离元朝梁王的统治，马和的父亲是梁王的属下。后来明军攻打云南，在滇池边进行了交锋。梁王战败，全家人都跳到了滇池自杀了，马和的父亲战死沙场。

战争结束后，明军俘虏了一批幼小的男孩儿做太监，这批人中就有马和。马和被俘虏到南京，受到了阉刑，后在宫廷做了小太监。洪武十七年（公元 1384 年），马和渐渐长大，他跟随朱元璋的军队南征北战，征战中，他很快成长起来。短短几年，马和被送到了北京，成为了燕王府的奴隶。

马和逐渐成长为十七八岁的健壮少年，他身材魁梧挺拔，英勇威武。很快就受到了燕王的宠信，于是把他召入宫中，成了内宫太监。马和忠心为燕王效力，燕王更加喜欢他，主奴的信任关系也逐渐形成。

建文元年（公元 1399 年），燕王发动了"靖难之役"，在这场长达四年的战争中，马和一直随燕王征战沙场，很快就在战争中展现出了过人的军事才能，并屡立战功。战争刚刚打响时，燕王并没有很大的实力，明朝将领李景隆趁着朱棣在攻打大宁的时机将北平团团包围，在郑村坝结九营。燕王立即率军还师与李景隆的兵马进行激战，马和为朱棣献计，还亲自率军作战，他冲锋在前，很快就拿下了李景隆七营，斩首敌军数万，马和大败李景隆。

燕军在这场战争中获得了诸多战利品，马和在"靖难之战"中扭转了大局。建文四年（公元1402年），朱棣登上了皇位，因马和在战争中功绩卓著，被任命为内宫监太监，是四品官。永乐二年（公元1404年），马和在郑村立下了汗马功劳，为其赐姓为"郑"。从这以后，马和便改名为郑和。在当时那个时代，被赐姓是臣子的荣耀，宦官被赐姓更是极其少见，可以看出永乐帝很器重郑和。虽然明太祖朱元璋曾立下过一个规矩，凡是受阉割的宦官都不得干预朝政，但是明成祖朱棣并没有被这条规矩束缚，他很赏识郑和的才华，并让他尽情发挥。

郑和平时沉默寡言，虽然受到宠信但却没有丝毫以权谋私的行为，他为人低调，办事说话都是小心谨慎，只一心为报皇帝的知遇之恩。

郑和既有作战策略，又能够在战场勇猛杀敌，他杰出的军事才能在航海领域也发挥了巨大作用。

江山稳定，国富兵强，全国上下一片兴盛和谐之景。当前百姓生活富足，国库充足，永乐帝想要派人出海一展大明王朝的国威。但就在这时，朝中的大臣们都没有人说话。大家都觉得去蛮荒之地是一种冒险，茫茫大海上，什么事情都有可能发生，担心会丢了自己的性命，所以众臣没有人愿意领命。

永乐帝顿时一阵怒气，就在这时，郑和走上前，跪在地上说："奴才愿意前往。"永乐帝想起了明太祖立下的"宦官参政当处死"的遗训，于是命他暂且退下。过了几天，永乐帝还是把这个任务交给了郑和，任宦官王景弘为副使，为郑和派27800多名将士和208艘海船，永乐帝早就开始为出海谋划过，这些海船都是永乐帝用了足足两年的时间，征集最好的工匠制造的。

永乐三年（公元1405年），郑和从苏州的刘家港开始启航，这是他人生中第一次远航。随行的人很多，除了出使人员和水手，还有护航将士，翻译的通事、买办、医官、阴阳术士、军匠和火夫等等。船上装备俱全，设备先进，包括罗盘针和航海图。

永乐五年（公元1407年）九月十三日，郑和在短暂的休息和调整之后，再次奉旨出发。这次，他的庞大的船队到达文莱、泰国、柬埔寨、印度等地，并在锡兰山迎请佛牙，带回了船上，于永乐七年（公元1409年）平安回国。

永乐七年（公元1409年）九月，郑和开始第三次远洋，他从太仓刘家港起航，这次有姚广孝、费信、马欢等人和他一同前往，他们先后到达越南、马来西亚，印度等地，在回国途中再次拜访锡兰山。于永乐九年（公元 1411 年）六月十六回国。

永乐十一年（公元 1413 年）十一月，郑和第四次下西洋。这次随行的有通译马欢，他们绕过阿拉伯半岛，首次航行东非麻林迪。至永乐十三年（公元 1415 年）七月八日回国。

永乐十五年（公元 1417 年）五月，郑和第五次下西洋。他途经泉州，到占城、爪哇，最远到达东非木骨都束、卜喇哇、麻林等国家，于永乐十七年（公元 1419 年）七月十七日回国。

永乐十九年（公元 1421 年）一月三十日，郑和第六次出发，前往榜葛剌（今孟加拉），因舟遭大风，中道返回。于永乐二十年（公元 1422 年）八月十八日回国。

永乐二十二年，朱棣去世，仁宗朱高炽继承皇位，朝廷因财政问题，不得不暂停了下西洋的行动。

宣德六年（公元 1431 年）一月，宣宗钦封郑和为三保太监。郑和又一次率领船队开始了他的第七次远航。宝船从龙江关（今南京下关）起航，返航后，郑和终因劳累过度于宣德八年（公元 1433 年）四月初在印度西海岸古里病逝。七月，他的遗体随船队回国，宣宗赐他葬在了南京牛首山南麓。

局势分析

郑和是世界文化的交流先驱，他是一个著名的航海家。曾在公元 1405—公元 1433 年这 28 年期间，率领皇家船队七下西洋，开拓了中国和亚非共三十多个国家的海上交通，对世界航海事业的发展和各国文化的交流做出了巨大贡献。

郑和七下西洋，他率领的船只最多有 200 多艘，船上的随行人员多达两万七千人，开辟的航线达 40 多条，船只航行的总里程达到了 16 万海里，这在世界上是古代航海史上人数最多、活动范围最大的远航活动。郑和于 1405 年首次下西洋，比哥伦布发现美洲新大陆早 87 年，比达·伽马经过好望角早

92 年，比麦哲伦环球航行早 114 年，他是世界文明传递的先行者，在世界航海史上写下了辉煌的一页。

说点局外事

中华人民共和国国务院批准，为了纪念郑和，从公元 2005 年开始，每年 7 月 11 日被定为中国航海日，并要求全国的船只在这一天鸣笛，挂上彩旗，这个日期就是源于郑和第一次下西洋的日期，公元 1405 年 7 月 11 日。

600 多年后的一天，为纪念郑和下西洋为中国文化的传播所做出的巨大贡献。中国政府在北京人民大会堂举行了"郑和下西洋 600 周年纪念大会"。时任中共中央政治局常委、国务院副总理的黄菊、时任中共中央政治局常委的李长春、交通部、外交部、其它部委、省市负责人、郑和后裔代表、社会知名人士、专家学者、各界代表、国际组织代表及一些国家的驻华使节都出席了本次会议。

为纪念郑和下西洋，在 600 年后用这种形式纪念这一壮举，这在中国的历史上是极其少见的。

靖难之役

朱元璋在走南闯北的时候就有过感慨，天下这么大，以后我的儿子一定划地为王，到时候能够共同保卫国家。他的期许带给后代的是什么呢？

公元 1398 年，朱元璋驾崩，他的一生走到了尽头，享年 71 岁。按照封建社会的皇位世袭制，朱元璋死后，应该把皇位传给儿子，但是他却把皇位传给了嫡孙朱允炆，就是建文帝。朱元璋的儿子有二十六个，但他为什么偏偏把皇位传给隔代的孙子呢？

朱标曾经被立为太子，但年仅 37 岁就离开了人世，即使有再多的财富和尊贵的身份他也无法享用了，更何况当时朱元璋还没有退位。朱标去世，太子之位不能空着，于是朱元璋又开始重新立太子，明朝对于皇位并不是贤明有德行就有资格的，对于继承者的拟定是有明确规定的：已经确定的皇位继承人，是国家的根本，有嫡立嫡，无嫡立长。

在长子朱标死后，朱元璋确实想过要在其他的儿子中确立太子之位，如果是这样的话，他觉得四子朱棣是最好的人选，朱棣行事作风和朱元璋出奇的相似，但最终他还是否定了这个想法。朱元璋的正统思想比任何人都更为强烈，储君之位事关国家未之社稷，还是应当遵循大明朝的章法。

当时刘三吾对他说的一句话改变了朱元璋的想法："倘若你想立朱棣为太子，那其余的亲王又该如何面对呢？"朱元璋一想也是，当时他把二十四个儿子和一个孙子封为亲王，都划地为藩，让他们保卫国家，安抚百姓，朱棣也已经在北京做了多年的燕王。

眼看朱元璋的年龄越来越大，转眼已六十多岁，没有心力再为皇储之位费心劳神了，明朝刚刚开国一任，他并不想打乱大明朝的规矩，于是将太子之位交给了嫡孙朱允炆，当时朱允炆年仅 21 岁。

意想不到的事情发生了，朱元璋怎么也想不到在他去世没多久，宫廷内就发生了一场争夺皇位的斗争，这就是我们要说的靖难之役。

朱允炆登上了皇帝的宝座，他和祖父的思想完全是背道而驰，对藩王们都耿耿于怀，朝廷之上，藩王们都是他的叔叔，个个都如狼似虎，即使坐在皇位上，也未必能够做得安稳。藩王们的势力越来越大，建文帝更是夜不能寐、茶不思饭不想了，这个时候有两个大臣齐泰和黄子澄为他提议，削弱藩王的势力。

这个时候的建文帝面临的和祖父朱元璋相似的问题，藩王的势力都不小，到底先灭谁？削藩，按理说应该把矛头指向势力最大的燕王，但实际上建文帝先捡了个软柿子下手了，可见建文帝朱允炆和王者风范还有一段距离啊！

建文帝从最弱的藩王开刀，想着杀鸡骇猴，这下，他的行为惹恼了各个藩王，最为激烈的就是燕王朱棣，他正为储君之位恼火着呢，建文帝这个举动更加让他恼怒，打算到应天府找建文帝理论，于是，一边准备进京，一边暗地里整顿兵马，打造兵器。他一定不会毫无理由就兴冲冲跑过去，于是就找了一个进京的理由。

祖上有训言说过："为了不让奸臣篡权，藩王有迁移中央，举兵讨伐消灭奸臣，清除君王身边的忧虑权力。"所以朱棣借这个理由，假装说齐泰和黄子澄是奸臣，要率兵杀掉他们，还自称这是"靖难"，意思是平息叛乱，扫平奸臣党羽。

朱棣打着清除君王身边的叛党为由，率军直奔京都。

建文帝知道朱棣打的什么算盘，于是就召集文武百官一同商议对策，这个时候需要有人主动请缨，但不幸的是，由于朱元璋在执政末期大开杀戒，有勇有谋的功臣干将都被他杀得差不多了，建文帝想要找个带兵打仗的人都困难，后来姑且任用了年迈的老将耿炳文为大将军，命他率领13万兵马讨伐燕王。

难道这真是天助燕王朱棣吗？南方的将士到了北方水土不服，尚未交锋就士气大降。建文帝开始没了主心骨，黄子澄向建文帝建议任用曹国公李文忠的儿子李景隆率军北上。谁知李景隆只是徒有虚名，并没有遗传他父亲的军事头脑，没有什么军事才能，幸好建文帝给李景隆的兵马够多，60万的大队伍浩浩荡荡向北行进，这次李景隆也算是为朝廷效力了。

本来应该借此机会让朱棣死在战场上，但建文帝偏偏是个仁慈的家伙，在这个关键时刻不忍下手，还想遵循以德服人的高尚情操，他担心因此背上杀害皇叔的骂名，因此朱棣也就逃过了这一劫。

这一刻放过敌人，下一刻就等他翻身吧！朱允炆在关键时刻选择了对敌人仁慈，他自幼在深宫长大，书生气浓厚，较为单纯，根本难以应对皇叔朱棣这个狠角色。后来李景隆彻底败给了燕王，建文帝无奈之下不得不撤了他的职务，在此被动局面下，黄子澄给建文帝出了一个主意，派使者跟朱棣议和，此乃缓兵之计。

这个时候的朱棣掌握了战争的主动权，怎么会答应与之议和，攻与不攻都被建文帝定下了"谋权篡位"的罪名，事到如今没有什么可说的，他很清楚，一旦议和，日后有他好果子吃了。

建文帝只能采取下下策，把江山分为南北朝割一半的土地给朱棣，但朱棣还是拒绝了。这场战争足足打了四年之久，直到1402年，朱棣的兵马已经杀到了城门口，曾经因战败被撤职的李景隆为朱棣开城门迎接，朱棣大摇大摆地进了城门，文武百官都站在道路两旁欢迎，朱棣终于登上了皇帝的宝座，成为明成祖，年号为永乐。

朱棣进宫之后却不见建文帝的影子，皇宫早已面目全非，被一场大火烧得不成样子，胜利之时，朱棣可一点不仁慈，他命人即使是挖地三尺也要把建文帝找出来，但找来找去始终没有建文帝的影子，后来只在大火中找到一具冠以"建文帝"名字的尸体，尸首已经被烧得面目全非。

这场内战的规模很大，大明王朝在很短的时间内就发生了这场靖难之乱，朱元璋如果地下有知，一定会为自己的愿望和期许感到遗憾。

局势分析

为了能够发挥最大效率，洪武三十五年（1402年）八月初一，朱棣让解缙和黄淮在文渊阁任职，预机务。后来为了扩充内阁的官员人数又增加了七个人。内阁也从此在明朝历史上发挥着举足轻重的地位，一直到清朝，这种制度依然存在。

从另一方面讲，朱棣的皇位是争夺来的，对大臣们也没有建立信任的关系，还将洪武时期废除的锦衣卫恢复，重新开始了对明朝的专制统治。后来到了永乐十八年，为了加强对国家的统治，朱棣设立了东厂，让自己最信任的太监掌权，不仅加强了对旧臣的统治还大大提升了宦官在朝中的地位。此后，明朝锦衣卫一直存在，成为明朝时期的一个特点。

靖难之役发生时，朱棣得到了宦官的帮助，因此在他登上皇位之后就把明太祖时期禁止宦官干政的规矩改了，还格外宠信宦官。一方面来看，明朝也有一些比较有能力的宦官，比如郑和下西洋，实现了中国文化走向世界的伟大壮举，另一方面来讲，司礼监和负责东厂的宦官掌权，这些部门的地位在不断提升，并且在地方镇守和监督采办这些重要的工作派宦官负责，这为明朝埋下了罪恶祸国的种子。

说点局外事

靖难之役后，朱棣昭告金陵军民："谕知在京军民：我本欲永远守卫我的藩封，却因奸臣弄权，作威作福，导致皇家骨肉被其残害，不得不起兵诛杀之，目的是扶持社稷和保全亲藩。现在平定京师，有罪的奸臣不敢赦免，无罪者也不敢滥杀；如有小人借机报复，擅自绑缚、放纵、掠夺等而祸及无辜，非我本意。"

建文四年六月，朱棣将齐泰、黄子澄和方孝孺诛杀，并灭其族。方孝孺触怒了朱棣被株十族（九族加朋友门生），当时被方孝孺受牵连的人共计873人，还有被发配充军的达到上千人。而被黄子澄受到牵连的死者也有345人，景清在投降后密谋想要刺死朱棣，后来事情败露，于八月十二被杀，灭其九族；后屠其家乡，被称为"瓜蔓抄"。

喜欢斗蟋蟀的太平天子

和之前的几位帝王相比较，明宣宗朱瞻基当得是名正言顺。他的父亲是由太祖亲自册封的燕王，封地在北京。洪武三十一年，朱瞻基出生。据史书上记载，朱瞻基出生的那天晚上，当时还是燕王的朱棣还做了一个梦：他梦见已经死去的老爸朱元璋来到他的房间，将一个大圭赐给了他，这大圭上还刻着八个大字："传之子孙，永世其昌"。

朱瞻基（公元1398年—公元1435年1月31日），公元1398年生人，明朝第五位皇帝。生性顽劣，喜欢斗蟋蟀。

在我国封建社会，大圭乃是权力的至高象征。如梦初醒的朱棣被吓了一身的冷汗，自己正在琢磨这个梦境的时候，下人传来喜讯，说世子妃张氏生了一个儿子，朱棣马上将梦中意境所指和这个孩子联系在了一起。他马上跑过去看孙子，发现这个小家伙长得非常像自己，眉宇间透着一股英气，从此对这个孙子是无比的疼爱。据说这件事对朱棣发动"靖康"之变起着很大的作用，但这明摆着实际上是朱棣想做皇帝都快想疯了，日有所思，夜有所梦，久之才会做出这样的梦。但不管怎么说，朱瞻基的出生刚好迎合了朱棣的这种心理需求，因此注定了他的皇帝之路。

随着朱瞻基一天天地长大，朱棣对这个小孙子更是关心有加。他亲自为朱瞻基挑选著名文臣担任其老师，并且，曾经对他挑选的老师直言不讳地暗示道：皇孙乃是可造之才，富贵不可言，要好好教导他。不仅如此，朱棣同时也注重亲自对孙子言传身教。由于朱棣酷爱领军打仗，所以每次出征，朱棣都会将小孙子带在自己的身边，希望以此锻炼他的勇气。后来朱瞻基也经常带兵出征，这在很大程度上就是受到他爷爷的影响。

朱瞻基的父亲朱高炽之所以能被立为太子，很大程度上是沾了儿子朱瞻基的光。朱高炽虽说是太祖亲封的燕王世子。但从小朱高炽就是一个性格软弱的人，平时只爱读书撰文，练武带兵都不是他之所长，这与他的父亲有着极大的反差。

众所周知，朱棣能够亲征作战，是一位马上皇帝，一生就好统兵征战四方，所以起初朱棣并不打算将朱高炽作为自己的接班人，他更倾向于将自己的皇位传给自己的次子朱高煦。这朱高煦简直就是和朱棣一个模子里刻出来的一样。从小好斗，在军事上也颇有成祖之风。"靖难"之变时，朱高煦曾作为大军先锋，多次救朱棣于危难之中。为此朱棣曾经许诺过他："你大哥从小多病，将来皇位必定是你的"。听了父亲这话，朱高煦就像是打了鸡血一样，在朱棣夺位整个过程中，立下了赫赫战功。

但是天不遂愿，登上皇帝宝座之后，朱棣出于多方面的考虑，还是将朱高炽立为太子。一方面我国古代是非常讲究长幼有序的，他不希望坏了老规矩，自己的宝座就是因为反对父亲废长立幼的做法，造反得来的，他不希望这样的事情今后再次发生。另一方面，朱高炽虽然软弱，但其心宽厚，儒雅作风在文臣中也颇受推崇。相反次子朱高煦为人好勇斗狠，这种性格打仗可以，但做皇帝恐怕不太合适。另外，朱棣对孙子朱瞻基的格外青睐也是一个不可忽略的重要原因，他希望将来瞻基日后能接皇帝的班。

永乐二十二年（公元1425年），明成祖朱棣驾崩，身为太子的朱高炽继大位，改元"洪煕"，这就是明仁宗。熬了这么多年，好不容易当上皇帝的朱高炽正准备施展自己一腔抱负的时候，可惜自己太不争气，皇上还没当一年就去世了。龙椅还没捂热，就这样交给了儿子朱瞻基。而当时朱瞻基人还在南京，突然听闻父皇驾崩的消息，马上准备启程赶赴京城。这时候有官员阻拦他说：汉王朱高煦准备在半路上刺杀王驾，然后再取而代之。闻听此言，朱瞻基冷笑道：我乃成祖钦定皇长孙，当今太子，谁若敢违抗祖训，我必灭之。"因此不听其劝，轻身赶往京城。再说说这朱高煦吧，虽然早有造反之心，但他却没有这个头脑，他料定自己的侄子肯定不敢贸然启程，因此朱高煦并没有及时在半路设伏，最终错失了登上九五之尊最好的机会。

回到北京，刚刚登基的朱瞻基一方面妥善料理好了父亲的丧事，一方面加固了京城的城防工作，防止有人作乱。不久，凭借着自己的大智大勇，朱瞻基从容登基，改国号为"宣德"，是为大明宣宗皇帝。

朱瞻基登台之后一直没闲着，先是为父亲料理后事，随后加固城墙，等一切安定下来之后，问题又来了，摆在自己面前的是削藩问题，这些拥兵自重的藩王们就是一只只趴在自己身边的猛虎，随时都有可能向自己扑过来。如果一旦处理不当，朱瞻基就有可能是第二个"建文帝"，因此朱瞻基马上着手整治军务，准备迎接强藩的挑战。果然，削藩的消息一传过来，朱高煦恼怒的血灌瞳仁，本来自己就想趁哥哥暴毙的机会趁机夺位，不料想比自己抢先一步的小侄子竟然打起了自己的主意，自己没有得手，紧接着迎来的就是被削藩。一不做二不休，干脆来个鱼死网破。

朱高煦效仿当年的成祖，以"清君侧"的名义起兵直逼宣宗。宣宗闻讯，毫不畏惧，以天子的名义昭告天下，要起兵亲征汉王这个叛乱分子。这次朱高煦还是棋差一着，朝廷大军在宣宗亲征的鼓舞下，势如破竹，不久就将朱高煦围困在乐安城。而那些当初约定与自己共同起事的藩王们，被朝廷大军的声势震慑，纷纷见死不救。本来信誓旦旦的朱高煦见大势已去，只好出城投降，最后被宣宗赐死。朱高煦凭着自己的勇猛，自认为是成祖第二，可惜宣宗并没有"建文帝"那般软弱无能。这大虫一除，宣宗犹如秋风扫落叶般将那些小鱼小虾们处理的一干二净，就这样，削藩这个困扰太祖、成祖、仁宗三代的历史遗留问题，终于在宣宗雷霆万钧之下得到了根本的解决。

朱瞻基这个皇位虽然坐的名正言顺，但是各地藩王的势起和反叛对刚刚登基的皇帝来说也是一个巨大的挑战。朱瞻基没有布建文帝的后尘，他的睿智和勇气使他坐稳了皇位，在他皇威的震慑下，也算是给他的皇帝之位开了个好头。

在我国古代，越南，云南，贵州这一带被称为安南地区，由于安南远离政治中心，加之这里大多是少数民族的聚集地，因此自古以来中央政府在这里都疏于管理。秦朝时期，秦始皇遣大将赵佗率军曾征服此地，设立了象郡。

后来不管是汉代还是唐代，中央政府都在此地区设立过行政政府机关，但是由于该地区的文化，民族构成等都十分的复杂，所以在历史上，安南多次发生过叛乱独立的事件，与中原政府是分分合合。

到了明朝，明成祖不惜耗巨资曾多次在安南用兵，并将安南设立为明朝的一个省。但民族叛乱这样的事情还是时有发生，成为明朝统治一个不安定因素。后来明宣宗即位，经过与大臣的商议，安南地区远离中央，即使将其拿下，既耗费钱粮，日后还是会反复生变。不如让安南自成一国，但安南必须承认大明是其宗主国，需要向大明年年进贡，岁岁称臣。这个建议被明宣宗采纳，并立即实施。起初安南王黎利并不情愿做大明的附属国，对此明宣宗采取了先军事再谈判的策略。

宣德二年（公元1427年），大明军队和安南王的战争爆发，明军击败了黎利，斩首万余，黎利的威风终于被大明打压了回去，国力受损，战士们也无心再战。同年，黎利向大明进献贡物，表示愿意臣服大明，做其附属国，明宣宗未准。后来黎利又先后三次进贡，明宣宗看其是真心臣服，于宣德三年（公元1428年），册封黎利为安南国王。从此之后，一直到明朝覆灭，安南都再未与大明发生过大的战事。虽然名义上安南成为了独立的国家，但实际上大明不仅没有放弃对安南的实际掌控权，同时也为国家节省了大量的军费开支。朱瞻基的这一举措受到朝中大臣的称赞，百姓也因此得以免受战争的流离之苦，人们对他甚是敬仰。

攘外事宜完毕，就看宣宗如何安内。明宣宗有着和他的父皇朱高炽一样的仁爱之心，他忧国忧民，是一个比较了解百姓疾苦的皇帝。有一次他在臣子的陪同下到田间游玩，忽然看见田中有一农夫正在耕作，从小就没有干过农活的宣宗由于好奇，取来耕具亲自当了一回农夫。可还没犁两下，宣宗就感到两臂酸痛。他回头对臣子们说："朕只是推了两三下，就觉得不胜劳累，何况那些农民终年劳作呢！"说完就命人赏赐了这位农民一些钱财就走了。

宣宗是明朝少有的爱惜子民的明君，他所制定的薄税政策，大大地减轻了百姓们的压力。另外，在灾年的时候，他对于赈灾情况是事无巨细，并且经常提醒自己的下属：人灾有时候胜过天灾。如果赈灾的官员在下面胡作非为，百姓的生活将会更加困苦，为此玄宗制定了一条法规：凡是"私自动用皇粮的，一律杀无赦"。正是在这样严格法规的约束下，玄宗时期的官员大都比较廉政。

明朝江山传到明宣宗这一代，已经建国半个世纪。稳定的政治环境，加之完善的政策和法规，使明朝发展到了最顶峰。而明宣宗统治的期间，历史上尊称为"仁宣之治"。

宣宗在位时期，国家兴盛，人民生活安定，政治清廉，朝廷上不分党派，经济也在逐步发展。战事减少，农民减轻了赋税，迎来了明朝的黄金时期。

国家政务理顺了，但后宫又有人打起了皇后的主意。朱瞻基的宠妃孙贵妃一直觊觎皇后之位，但国母胡皇后宽厚贤明，虽然不受朱瞻基的喜爱，但没有犯过什么错，让朱瞻基找不到废后的理由，但胡皇后身子弱，没有为朱瞻基诞下子嗣。孙贵妃为了能让朱瞻基立自己为后，想出一个偷梁换柱的计策，派人打听宫中被朱瞻基临幸的宫女，怀有身孕的就将她带过来，悄悄藏起来，然后告诉朱瞻基自己怀孕的消息，并派亲近的人给怀有身孕的宫女送饭，照看着，等到临产，假装是自己产下的皇嗣，就这样一步步，朱祁镇成了孙贵妃儿子，她的梦想最终实现了。

朱瞻基废掉了胡皇后，立孙贵妃为后，还立不满三个月的朱祁镇为太子，明朝册立的太子之中，朱祁镇是年龄最小的一位。然而对废后之事，朱瞻基说"此朕少年事，就当是自我解嘲吧！"

但是越是现世安稳就更容易让人享受安逸的生活，于是就不免会想些玩乐来锦上添花。宣宗喜欢玩乐，他不仅爱好书法、诗词，还有一个特别的爱好就是斗蟋蟀。当时蟋蟀这东西在全国那是风靡一时，蟋蟀的价格也始终居高不下。朱瞻基对蟋蟀的喜爱绝不亚于对后宫的妃子，几乎到了废寝忘食的程度，自他即位以后，经常派人去挑选最上乘的蟋蟀拿来给他把玩。

他对蟋蟀很有研究，觉得北京的蟋蟀品质并不出众，于是就命各地采办一些上等的蟋蟀送来京城。因此地方的官员都投其所好，为了取悦明宣宗，都认真实施他下达的口令，这给百姓的农作带来了很大的困扰，百姓们也逐渐怨声载道，生活不能安宁。

但是朱瞻基是一个天资聪颖，睿智果敢又有着仁爱之心的皇帝。他对大臣以礼相待，体恤民心，在位期间用人谨慎，对于贪官污吏一律严惩不贷，对于犯过错的大臣，命人调查详细，属实就对其施以惩罚，如果纯属诬陷，就对诬告的人严惩。朱瞻基有着出色的统治才能，在他掌权时期，出现了文景之治、贞观之治和开元盛世之后又一繁荣时期，就是著名的"仁宣之治"。

朱瞻基在短期患病后于宣德十年正月初三日（公元1435年1月31日）意外地死去，终年38岁。

局势分析

明朝时期，除明太祖朱元璋和明成祖朱棣之后，朱瞻基是为数不多的一位有作为的皇帝，在他统治时期，明朝又一次出现了自"文景之治"和"贞观之治"后的又一个盛世"仁宣之治"。

朱瞻基的父皇朱高炽福厚命薄，只当了一年的皇帝，但在明成祖亲征时期，大多时间都是在外征战，多年来朝政都是靠朱高炽来打理的，因此朱高炽在这段时间对国家的治理都是根据自己的实践方针来实施的，"仁宣之治"的出现他也功不可没。永乐以来，朝廷内外充斥着紧张的政治气氛，在他的统治下，给臣民们一个宽松的社会环境。

朝中的大臣在原来的强大压力下得到缓解，敢于直言进谏，明仁宗发扬了这个优良传统，还把这个传统传给朱瞻基，朱瞻基也是个善于采纳大臣建议的皇帝，军事上，他鼓励臣子广提意见，在朱瞻基继位初期，他采纳内阁大学士杨荣的建议，决定率军出征，一举消灭了反叛藩王朱高煦，这一举措使皇室内部得到了稳定。交阯叛乱给大明的统治带来了一定的困扰。朝廷多次出兵连遭溃败，后来朱瞻基听取了杨士奇和杨荣等人的建议，和交阯停止了战争等。

朱瞻基善于同朝中的大臣商议国家大事，他的恩威并施的治国理念受到百姓的拥护，同时在宣德年间，也是在明朝君臣关系最和谐的、社会较为稳定，政治清明且经济稳步发展的阶段，边疆地区也加强了防卫，因此大明江山处于比较稳定的时期。因此，历史学家称这一时期为"仁宣之治"。

说点局外事

朱瞻基的品行是毋庸置疑的，看过一些野史和文学作品的人们就知道他在为政时期的瑕疵。他喜欢促织，百姓们称他为"促织皇帝"。促织就是民间所说的蟋蟀，民间叫蛐蛐。成为太平天子还是可以的，但如果称他为"促织皇帝"就有点不太入耳了吧！更何况他喜欢蟋蟀的程度已经超出人们的想象，明人吕毖《明朝小史》里记载：帝酷好促织之戏，遣取之江南，其价腾贵，至十数金。时枫桥一粮长，以郡督遣，觅得其最良者，用所乘骏马易之。妻妾以为骏马易虫，必异，窃视之，乃跃去。妻惧，自经死，夫归，伤其妻，且畏法，亦经焉。

第三章　锦绣江山宦官弄朝

　　历史上都说明朝是一个宦官帝国，这话说的也不无道理，明朝太监的数量拿出来就会让人觉得惊讶，最多竟达到了十万人，而其他朝代最多，也不过几百人。宣宗死后，英宗朱祁镇即位，当时年幼，被朝中的宦官王振掌控在鼓掌之间，还亲自率军出征瓦剌，发生了一场震惊朝廷的"土木之变"，在景帝和忠臣于谦的振作之下，明朝才逐渐恢复稳定的局面。英宗和宪宗、孝宗、武宗等，这几位君王中除了孝宗心系黎民百姓，忧国忧民外，大多怠政，因此社会矛盾就越发严重，明朝也因此走上了黑暗之路。

"两朝天子"的权位之争

　　在这个紫禁城中，皇帝的每一个妻妾都有一个皇后梦，在明朝，宫女出身的皇后不是没有，万历帝的母亲李太后曾经就是一个宫女，而由宫女所生的皇帝也不只光宗朱常洛一个，朱祁镇也是其中一位。

　　朱祁镇（公元 1427 年—公元 1464 年），1427 年生人，明朝第七位皇帝，是为英宗。关于朱祁镇的出身，有一个富有传奇色彩的故事。当年宣宗在位时，他的正宫是胡皇后，胡皇后为人贤良温淑，因此深得张太后的喜欢。但是宣宗对他这位夫人很不感冒，而是宠幸孙贵妃。为了让孙贵妃当上皇后，宣宗曾经多次与自己的母亲张太后争吵。但是出于对胡皇后的喜欢，张太后总是力保。时间一天天地过去，看着自己的皇后梦还是遥遥无期，孙贵妃不免开始怀恨这位胡皇后。

人没有十全十美的，胡皇后也有一本难念的经。她唯一的遗憾就是没有为宣宗留下血脉。为此，胡皇后常常自责。而孙贵妃虽然也没有生养，但是她看得出孩子是她制胜的唯一法宝。母凭子贵，为了能当上皇后，她什么事都做得出来。于是她在宫中暗暗调查哪位被宣宗临幸的宫女怀有了身孕，于是将一名怀孕的宫女偷偷藏在密室中，让她断绝与外界的来往。然后奸诈的孙贵妃又买通了御医，对外宣称自己已怀有龙种。

说怀孕容易，这天长日久的，如果被人看出破绽来咋办？别急，孙贵妃有办法，随着临产日期的临近，她会一点一点地往自己的衣服底下塞东西，装出一副大肚子的样子。宣宗日理万机，哪有时间天天跟着她啊，就这样一直瞒到了临产这一天。那位宫女在密室中生下一个儿子，这就是朱祁镇。孙贵妃一方面令下人把孩子抱去给宣宗看，另一方面马上命人将这位宫女秘密处死，以除后患。

宣宗看见自己有了血脉，高兴得手舞足蹈，马不停蹄地赶来关心自己的爱妃。进屋一看，见孙贵妃正在床上躺着，满脸是汗，一副虚弱的样子。从此，宣宗对孙贵妃更是疼爱有加。俗话说"母以子贵"，四个月后，宣宗就废除了原来的胡皇后，立孙贵妃为新国母，朱祁镇也被封为太子。

朱祁镇并非孙贵妃所生，但对孙贵妃来说，他是其当上国母的垫脚石。自打朱元璋开明建国之后，曾经立过一条规矩：女人禁止参与朝政。在中国历史上，多次出现过由于女人参与朝政，导致大量外戚掌权，败坏朝政的现象。朱元璋正是为了防止大明也出现这种弊端，才立下这样的规矩。

规矩是人定的，因此还是有些地方会有疏漏。英宗朱祁镇当时即位时只有九岁，军国大事自己还不能独自处理。因此，当时的辅政大臣们纷纷上奏，请求当时已经是太皇太后的张太后出来垂帘听政，代理朝政。张太后仁爱宽厚，且是个守规矩的人。她为了不败坏祖宗的规矩，拒绝了大臣的建议。但她提出了三点：第一，缩减皇室生活开支，减轻百姓的负担。第二，加强对少年天子朱祁镇的教育，希望他早日成熟起来，担负起皇帝的重任。第三，军国大事依靠前朝权臣处理，待到天子成年，再移交权力。

朱祁镇年幼，张太后为了让朱祁镇在今后治理朝政时不做荒谬错误的决定，特意将他父皇在世时最信任的大臣一一为他介绍。张太后拉着小皇帝的手，指着下面的英国公张辅，大学士杨士奇、杨溥、杨荣、礼部尚书胡淡，对小皇帝教诲道："这五位乃是你父皇在世时最倚重的老臣，当初你父亲对他们的建议是无不听从。以后有什么军国大事，若没有这五位的赞成，切切不可施行。"朱祁镇应声受命。

在"三杨"的治理下，正统年间依然沿袭着"宽仁为政"的政策，注重民生的发展，轻徭薄役，因此正统初期，国家还是比较繁荣的。而这时候的朱祁镇主要的任务是接受教育，听取老人们的教诲。但是时间一长，朱祁镇就对这些产生了反感。在小皇帝成长的最重要时期，大太监王振却总是想尽各种方法逗小皇上玩乐，从此深受小皇帝的信赖，这也为朱祁镇日后宠信宦官埋下了伏笔。

虽然在众多大臣的辅佐下，大明天下还算是比较太平。但随着张太后和"三杨"这些老人们，去世的去世，退休的退休。朱祁镇开始显露出他叛逆的一面。他首先是大兴土木，劳民伤财，完全违背了大明"勤俭持家"的作风。还宠信王振，对其是言听计从，王振借此在朝廷里大肆安插党羽，之后又宠信石亨、曹吉祥等人，造成严重祸乱，从此大明开始走了下坡路。

当时，处于漠北的元朝残余势力分为瓦剌和鞑靼两部。英宗时期，瓦剌势力逐渐强盛，当时掌握实权的是太师也先。正统年间，也先派使者以进贡的名义骗取大明的奖赏，而当时势大滔天的王振由于与也先分赃不均，拒绝打赏瓦剌使者。不久，瓦剌以此为名侵犯大明。闻听此讯，年轻气盛的朱祁镇准备像他的祖宗那样御驾亲征，但他的这个想法遭到了大臣们的反对。这时候的王振为了青史留名，极力赞成英宗亲征。就这样英宗率临时编凑的50万大军，浩浩荡荡开到了大同。

皇帝御驾亲征听上去是多么威风的事，但一国之君带兵打仗也是具有一定风险的，更何况英宗没有带领武将随从作战，而是带了一个最不懂打仗的被他宠信的宦官王振，这样看来，英宗做的这个决定实在是太荒唐了吧！

你想想两个外行领导一群杂牌军打仗，哪有不败的道理。也先用诈败之计，诱敌深入。英宗见敌军败退，杀敌心切，拼命追杀，最后败得是一塌糊涂。眼看大事不妙，王振又力劝英宗撤兵，英宗从之。但大军在撤军途中，王振为了炫耀自己，又提议绕道自己的老家蔚州撤退。英宗还是从之。眼看要走到蔚州的时候，王振又怕大军踩踏家乡的庄稼，遭乡人辱骂，又改主意劝大军还是按原路撤退，英宗还是从之。就这样三番五次的变更行军路线，错失了撤军的最好时机。大军行至土木堡时，瓦剌大军追赶到，将英宗团团围住，不久城破，英宗被俘。王振被明军将领所杀，这就是历史上著名的"土木堡之变"。从此，英宗开始了长达一年多的牢狱生活。

这个消息迅速传到了北京，朝廷大为震动。但国不可一日无君。于是孙太后和朝臣于谦等人拥立英宗之弟朱祁钰为帝，改元"景泰"，这就是明代宗。

捉了明英宗，瓦剌本打算利用这个棋子骗取大明。但眼看着大明这么快就换了新皇帝，英宗这个棋子犹如丧家之犬，毫无利用价值。俗话说"饿死的骆驼比马大"大明毕竟地大物博，土木堡一战并未伤及大明元气，相反瓦剌虽然得胜，但毕竟地狭人稀，这一战消耗不小。一年后，瓦剌将英宗送回北京，准备议和。当时代宗已经坐稳了皇位，所以本不想迎回英宗，但大臣们说："英宗毕竟是咱们的人啊，要是不管他传扬出去丢面子啊！"听了这话，代宗又怕被人说自己小气，于是才不甘心地将自己的哥哥迎回了北京。

代宗在迎回英宗之前一定想过，自己的哥哥这一回来，刚坐稳皇位岂不是又要拱手让人？这一年的时间岂不是在替他打理政务？想想心里就不是滋味儿。于是他做好了迎回英宗的准备。接下来英宗在回到大明之后，等待他的又是什么呢？

英宗到了北京，代宗见了哥哥是痛哭流涕，对哥哥是嘘寒问暖，不停地安慰哥哥。晚上代宗宴请群臣，为英宗摆酒洗尘。这一夜，大殿之内是一派喜庆之气。英宗回到了家，又看见自己的弟弟如此关心自己，那心情甭提多好了。可是宴席一结束，等到大臣们一退，代宗面沉似水，下令将英宗软禁在南宫。一天时间就经历了人间的大喜大悲，那是何等的壮观。英宗虽然逃离了瓦剌人的牢狱，却又跳进了自己人的圈套。

代宗当然不会欢天喜地地迎回英宗然后把皇位让给他，那只是做戏给别人看的。在他心中，没有什么能够比皇位更重要的。

在被软禁的日子里，英宗遭受了非人的待遇，吃的是糟糠粗面，穿的是破衣烂衫。代宗为了隔绝英宗与外界的联系，将南宫的大门砌死，只在旁边开了一个小洞供向里面递食物。就这样还不够，代宗还把南宫所有的大树伐去。英宗就在这种鬼都看不见的地方，度过了自己的 7 年软禁生活。

禁闭七年的确可以让一个人产生绝望的心理，更不用说他的内心深处是否还有野心在滋生了。英宗本以为自己这一辈子就这样交代了，过去这么长的时间，谁还能料到会时来运转。景泰八年（公元 1457 年）正月，代宗病重，眼看就要不行了，但是皇储问题并没有定下来。众大臣决定在第二天上奏进谏，请求代宗早日确立储君，谁知当天晚上情节就发生了历史性的变化。

五清侯石亨、徐有贞、大太监曹吉祥密谋准备兵变，希望重新立英宗为帝，自己好飞黄腾达。偏偏凑巧的是，这时候北方刚好传来瓦剌犯境的消息，石亨借"保护京城"的名义调来了大批禁卫军准备兵变。在石亨等人的率领下，禁卫军直奔南宫，砸开宫门将英宗迎出。发生这样的局面是英宗意想不到的，在南宫被软禁七年，让他变得面容沧桑，身形单薄，当石亨率领的大军就站在南宫门外，英宗心中压抑很久的怨恨和不甘由衷而起，他决定夺回自己的皇位。于是率领大军闯入正宫，守卫的士兵本打算阻拦，但英宗表明了自己的身份，小兵们想："他们家的事太乱，多一事不如少一事"。于是，英宗就顺利进入大殿。

第二天大臣上朝，往龙书案上一看，上面坐的不是代宗，而是 7 年前的英宗。这时候，大太监曹吉祥大声喊了一句："皇上复辟了"。

这就是历史上的"南宫复辟"，朱祁镇重新登上皇位不久，景帝代宗就因病去世，并以秦王之礼将其葬在了西山，将代宗的妃嫔赐死殉葬。

英宗重新登基，改元"天顺"，封石亨、曹吉祥等拥立有功之臣，同时将于谦等拥立代宗的大臣一律处死，就这样一代明臣于谦死于非命。一朝天子一朝臣，为了自己的利益，对皇帝来说，没有什么不能舍弃的。在这个时候，个人的利益远远要高于家族利益、国家利益，只是可怜了那些忠臣良将。

局势分析

两朝天子的权位之争在明朝是不多见的。站在英宗的角度看，他年幼登基，在"三杨"尽心尽力的辅佐下，大明王朝才能出现繁荣昌盛的景象。后张太后去世，英宗朱祁镇宠信宦官，受太监怂恿下荒唐地决定御驾亲征，这才使他导致了两度囚禁。

国不可一日无君，这个时候朱祁钰登上了皇位，也先一看，抓来的朱祁镇一点用处都没有，留在瓦剌也派不上用场了，于是就命人传来消息让大明朝接朱祁镇回去。也先真的那么好心让朱祁镇就这么走了？他葫芦里卖的也不是什么好药。

也先觉得他从朱祁镇身上什么也得不到，索性就把他放回去，还能因此看场好戏。他知道一国不能有两位君王，放朱祁镇走无非是想让大明朝起内乱。

代宗并不想接他回宫，但在那个为皇位纷争的时代，有什么利益能够比得上自己的利益呢？家族利益还是国家利益？为了在皇位上安稳地坐下去，他将英宗软禁7年，还废除了侄儿朱见浚的太子之位，企图让自己的后人继任。

南宫复辟成功之后，因当过俘虏，也算是长了教训，于是重振朝纲，还禁止宦官干政，起用忠臣良将，这才使得大明王朝又延续了一百多年的历史。临终前还废除了帝王死后妃嫔殉葬的制度，后世称赞为"德政"。

说点局外事

三杨分别为杨荣、杨士奇和杨溥，"三杨"辅政，在仁宣之治时期起着非常重要的作用。但是三杨初期的关系并非大家所想的那么和谐，虽然都在朝为官，在朱高炽时期杨士奇比杨荣更加受到皇帝的宠信，杨荣对此心有不甘，时常找机会对仁宗说杨士奇的不是。

杨荣学识渊博、见多识广，处理事情也从不优柔寡断，但他是一个在花销上很奢侈的人。当时他身为内阁重臣，为了讨好他，有许多官员都向他行贿。

后来有大臣弹劾杨荣私下里受贿，仁宗并没有直接叫来杨荣让他对此事给个交代，而是召见了杨士奇，仁宗问他对这件事有什么看法。杨士奇觉得杨荣只是在生活上有些大手大脚，但是论谋略，朝中几乎无人比他更懂得边防之事了，因此他为杨荣向皇帝求情，恳请不要为小事责怪杨荣。

仁宗对杨士奇的反应很是惊讶，于是告诉杨士奇，杨荣经常在仁宗面前说他的坏话，如果是别人，在这样的情况下一定会加以报复，但杨士奇只是淡然一笑说："臣只恳求皇上以国家大事为重，用您宽厚仁慈的心宽容杨荣吧！"

后来这件事传到了杨荣的耳朵里，他深感惭愧，对杨士奇所说的一番话佩服得五体投地，两人也从此建立了深厚的友谊。

太监也疯狂

明朝开国皇帝明太祖是一个有先见之明的人，他在位时期，皇权集中，没有出现专权现象，这都是因为他懂得防患于未然，事实证明，他的做法是对的。

在明太祖朱元璋刚上位时，吸取了之前因为宦官专权导致国家混乱的一系列教训，还定下一条死规矩，所有宦官不能干预国家政事。而且把这条规矩镌刻在一块大铁牌上面，挂在宫里非常醒目的位置，希望他的后代们世世代代遵守。但当明成祖继承了皇位时，这条老规矩竟被他废除了。

他废除这条规矩是有原因的，由于皇位来得名不正言不顺，为了笼络人心，巩固皇权，只能先从身边的太监下手。

明成祖当时从他侄子手里夺来的皇位，因为怕大臣们反对，所以特别信任身边这些太监，在他把明朝迁都北京以后，他专门在东安门外设立"东厂"，专门派人打听大臣和百姓当中有没有反对他的人。因为怕大臣对他不忠，他让最信任的太监做东厂提督。就这样，宦官的权力一点点得到提升。明宣宗即位以后，就连皇帝日常的奏章，都会交给一个宦官代笔，这叫做司礼太监。这样一来，宦官的权力又被扩大了。

说明朝是一个宦官帝国一点也不为过，但如果朱元璋知道，一定会让他老人家大失所望，好不容易打下来的大明江山，竟一次又一次操纵在宦官手里，这是多么可笑的讽刺。然而王振就是这个宦官帝国的领头人。

有一年，皇宫里要招一批太监。蔚州有个小流氓，名叫王振，之前读过

几年的书，也参加过几次科举考试，但都没有成功，就在县里当了个教官，后犯了罪，本来要去充军，但他听说皇宫来招太监，竟自愿进宫当了太监。宫里的太监大都不识字，唯独王振略懂一二，有人叫他王先生。后来，明宣宗就让他教太子朱祁镇读书。朱祁镇十分贪玩，王振不但不管，还帮他想各种玩法，朱祁镇很是高兴。

但是一切并没有他想象的那么顺利，他内心藏匿的参政欲望差一点暴露出来，还险些搭上小命。

明宣宗死后，只有9岁的小太子朱祁镇接替了皇位。王振也就成了司礼监，帮助皇上批阅奏章。朱祁镇当时年幼，尚且不能料理国事，太皇太后张氏是个贤明圣德之人，他没有参与到治理政务上，但将这个重大的使命交给了"三杨"，分别为杨士奇、杨荣和杨溥。

但明英宗一心只想着玩，对国事一点都不关心。王振就趁机把朝廷的所有大权都抓到了手里。只要是和他作对的，轻则被撤职，重则充军。一些皇亲国戚为了讨好王振，都称他"翁父"。

虽然王振平日里嚣张跋扈，但他却善于装腔作势、识时务。他知道"三杨"为朝廷鞠躬尽瘁、德高望重，于是每每看到三杨来，都在他们面前假装批评朱祁镇几句，还劝皇上要时刻以国家社稷为己任，切不可贪玩固执等。三杨和王振几乎不打交道，王振的演技竟瞒过了三杨，三人都觉得王振作为朱祁镇的老师，是个不可多得的贤良之人。

但千万不要觉得他可以继续肆意妄为下去，一个不经意，他的涉政野心被太皇太后看穿，差一点就杀了他，但是皇帝和三杨却始终被蒙蔽，忠臣都为他求情，才使王振保住性命。在这段时间，王振深知太皇太后已经盯上他了，因此他收敛了许多，暂且安分下来。

后来太皇太后病逝，正统五年，杨荣也因病去世。杨士奇的儿子杀了人，因此他引咎辞职，告老还乡了，只剩下杨溥还在为朝廷效力，但他也年事已高，又没什么心计，当时朝中的形势都暗示着王振的天下即将到来！

王振刚想为自己的时代而庆贺，蒙古族又来找麻烦，他正想借这个机会抖抖自己的威风。那几年，北方的蒙古族逐渐强大。公元1449年，部落首领也先派了三千名使者来到北京，给大明进贡马匹，要求赏金。王振发现他们人数不够，因此削减了赏金。也先想让他的儿子和明朝公主结婚，王振没有同意。这让也先十分气愤，率领瓦剌骑兵向大同进攻。大同的守军奋力抵抗，但还是溃败。

这一挑衅给大明带来了麻烦，事情弄大了王振心里也开始胆怯，于是他竟怂恿英宗亲征，边境的官员马上禀报朝廷，明英宗赶忙召集大臣商量对策。大同离王振家乡蔚州没多远，王振在蔚州还有地，他怕自己的利益受威胁，极力劝说英宗带兵亲征。兵部尚书（兵部尚书和侍郎是军事部门的正副长官）邝埜和侍郎于谦认为准备不足，皇帝不能亲征。皇帝是个很没主见的人，任众臣怎么阻拦也没用，王振说什么，他就会做什么，尽管大臣们劝阻，最后他还是决定亲征。

明英宗让弟弟郕王朱祁钰和于谦守在北京，自己和王振、邝埜等一百多人，率领五十万大军出征大同。这次出兵，本就没有准备，所以军队纪律涣散。一路上又遇到各种情况，没走几天，就断粮了，大家又饿又冷，仗还没有打，就失去了信心。到了大同附近，遍地都是明朝士兵的尸体，更加人心惶惶。有个大臣觉得胜算不大，劝英宗退兵，被王振好一顿骂，还被罚跪了一天。

本来明军就是一盘散沙，再加上率军的是两个根本不懂作战的领导，相比这场仗而言，大概明军断粮也无关紧要了吧！

仗打了几天，明军前锋在大同被瓦剌军杀了个片甲不留，其他部队也节节败退。看到这情形，王振觉得不妙，这才下令撤军退兵回京。按理说退兵应该越快越好，但是王振为了要去老家蔚州显摆一番，竟然劝英宗住到蔚州去。几十万的军队离开大同，朝蔚州的方向跑了四十里路。王振突然想到，这么多的兵马一起去蔚州，自家的庄稼岂不是损失严重，他又急忙下令原路返回。来回一折腾，浪费了大把的时间，被赶来的瓦剌军追个正着。

都到了紧要关头，王振最在意的还是一己私利，出来之后完全是忘乎所以，把这次作战当旅游了。明军边抵抗边撤退，一直退到土木堡（在今河北怀来东）。这时候，太阳刚落山，有人劝英宗趁着还有亮再赶一阵，等进了怀来城再停下，要是敌人赶来，也好防守。可王振的财产还没运到，他非要让大军就地停下来。小命都不保了，还要那么多财产做什么？王振时时刻刻都以自己的利益为重，如今大明率五十万大军和瓦剌的两万军队作战，竟能让瓦剌以少胜多，不得不说，王振怂恿英宗是别有用心的。

土木堡虽然叫做堡，但其实并没什么城堡。明军日夜赶路，所有人都很口渴，但土木堡根本没有水源。离土木堡十五里的地方倒是有河，但早已被瓦剌军占领了。兵士们只好开始挖井，挖了足足两丈深，还是没有水。这下是上天真的不给明军一条活路了，没有军粮，也没有水，这仗可怎么打！明军们怨声载道，有什么办法呢，有这样荒唐的国君，又有这样的宦官掌权，不懂打仗还偏要带兄弟们去送死。可谁知道，危机到来的比想象的要快得多。

第二天天刚亮，瓦剌军就追到土木堡，包围了明军。英宗自知没法突围，只好派人去求和。也先也知道，大明军队人数也不少，真打起来自己也会有损失，先假装答应了。英宗和王振听说后很高兴，让士兵们去找水喝。所有人都奔向河边，十分混乱，根本没人能够制止。就在这时，早就埋伏好的瓦剌军兵士蜂拥而至，个个拿着长刀，大声喊道："投降的不杀！"明军兵士一听，纷纷丢盔弃甲，四处逃窜。瓦剌军紧追不舍，顿时，被杀的和被乱兵踩死的明军到处都是，连邝埜也在这次混乱中被杀死。而英宗和王振带了一批精兵，好几次想突围都没成功。

从来不懂打仗的王振此时被吓得不知如何是好，他一向嚣张跋扈，这时竟被吓得双腿发抖。禁军将领樊忠早已恨透了这个大奸贼，气愤地说："我为所有百姓除掉你这个奸贼。"说着，抡起手里的大铁锤，朝着王振脑门狠狠地砸去，王振便一命呜呼。樊忠自己则是冲入敌阵，一阵拼杀过后中枪而死。英宗眼看没有了还击的机会，只好从马上下来，坐在地上等死。瓦剌兵围住他，很轻松俘虏了他。历史上把这次事件称为"土木之变"。

宦官王振的怂恿使得英宗被俘，还让将士们用性命为他的无知买了单。大明朝的国君被俘，这是一个多么令人震惊的消息，王振却不顾江山社稷，让大明王朝毁在了他的手里。

与瓦剌一战，明朝的五十万大军仅剩一小半，这让大明元气大伤。瓦剌首领也先却越来越骄横，京城也感受到了瓦剌军的威胁。而这时，守卫京城的重任，就落在了英宗的弟弟郕王朱祁钰和于谦的身上。

局势分析

瓦剌军仅凭借两万人就能大败明军五十万大军，英宗怎么也想不到，王振将瓦剌军说的不堪一击，这才导致英宗轻敌，他认为这场仗怎么打都有必胜的把握，更荒唐的是，他连军粮都没有准备，却还想像明太祖和明成祖那样名垂青史，这怎么也不合情理啊！

这场战争的结局并不是偶然造成的，其中的原因有很多，无不预示着这场战争的失败是事情发展的必然。

首先是宦官王振乱政专权，率领大明军队去作战并没有明确的目标，无知者无畏，他不懂作战，就更不知道什么阵势，单纯地认为瓦剌军的区区两万军队和明军的五十万大军相比就如同鸡蛋碰石头。英宗也没有主心骨，什么事情都由王振说了算，关乎自己性命的大事竟也不闻不问，只要王振决定了就按照他所说的去办就是了。

五十万大军确实不少，但是这两位领导不会调动啊，明军的兵马倒是够多了，但此次出行又不是阅兵仪式，王振竟还在撤退的途中不忘绕去家乡抖抖威风。

从行军的路线上看，从北京出发直奔怀来，接着到宣府，随后就到了山西大同，撤退到紫荆关，又回到宣府，最后到了土木堡。可以说，明军这一路上从来没有采取主动出击，不是被打就是撤退，直到最后被瓦剌团团围住才有将士拼死一搏。

其次就是指挥者并不懂得军事，还不听劝诫。行军打仗没有想象的那么简单，不光是上战场和敌人厮杀，后勤方面也要做好充分的准备，王振作为大军统帅竟然连这个道理都不明白，更不用说在战场上首先就要做好排兵布阵了，军事策略就更不用说，如此看来，哪还谈得上胜利呢？

随后就是战略技巧，在王振和英宗的率领下，实在没有任何的作战技巧。

再次，在英宗的统治下，军队之所以软弱就是因为缺乏整顿，朝廷腐败，经济匮乏，大明王朝的战士们早已无心作战。

说点局外事

王振的行为几近疯狂，世人对他的做法又有了新的揣度——王振是间谍。

虽说这个猜想听起来确实有些荒谬，但也并不是没有道理的。回想一下，在正统时期，北方边疆地区蒙古族侵扰严重，但是宦官王振却从来没有加强边疆驻守的想法，不仅如此，还和瓦剌相互勾结到一起，不亦乐乎地做上了买卖。

如果说仅仅如此也就罢了，他这个重视个人私利的宦官想赚点钱财也可以理解，但是王振胆子大，做的不是小生意，放在现代，那可是倒卖军火。他一定知道瓦剌很有可能会进犯大明江山，但是专权的王振不会没有想到。他真的是太愚蠢，或者是掉进钱眼儿里了吗？

王振倒卖军火到底出于什么目的呢？是等着瓦剌来打到城门口吗？这些疑问不得不让人有这样的猜测，于是后人给出一个结论——王振是历史上最大的间谍。当然了，这些都是人们的猜测罢了。

夺门之变——南宫复辟

自从土木之变以后，明朝的局势依然没有稳定，紧接着就发生了夺门之变，可以说这是土木之变的进一步延伸。

土木之变过后，京城很快就知道了这个消息，朝中的文武百官听后都连连叹息，五十万大军就这么没了。当时京城陷于内部忧患之中，假如攻打京城，一样可以轻而易举攻破，因为当时的京城只剩一具空壳了。

明宣宗朱瞻基只有两位皇子，皇长子朱祁镇和次子朱祁钰，当时朱祁镇的儿子朱见深还很小，无法承担治理国家的重任，因此国家大事和政务就落在了朱祁钰肩上了。为了稳定人心，皇太后下诏将刚刚两岁的朱见深立为皇太子，郕王朱祁钰任命为监国，总揽国政。

据说朱祁镇被俘虏之后，也先对他恭恭敬敬，而且每天都宰杀牛羊，对朱祁镇好吃好喝地招待着。也先这样做是有他的用意的，想要挟天子令诸侯，他心想，你一国之君都在我的手上，我提任何要求你们都得答应。因此，也先对朱祁镇客客气气，安安稳稳地等着大明找上门提条件交换，或者赔偿。也先阴险狡诈，只是他在俘虏朱祁镇的时候没有事先做好功课，京城并不像他想象的那样简单，他这么一等，反倒给了大明朝一个喘息的时间。

因此他想要拿朱祁镇换取在明朝他想要的东西，就是钱财和城池。当他提出这个条件之后，首先就被兵部尚书于谦拒绝了。

自从朱祁镇被也先俘虏，过了一个月，兵部尚书于谦情急之下调来了二十万大军在紫禁城把守。也先怒气一上来带着瓦剌骑兵浩浩荡荡涌入京城，可这次见识了大明王朝的威力，二十万大军将瓦剌骑兵打得溃不成军，也先大败，因损失惨重，元气大伤，只能先撤兵回去。这场著名的战役叫北京保卫战。明朝局势紧张，又面临内忧外患，大明气势已消耗殆尽，却在这场激烈的保卫战中得到了稳定。

朱祁镇被抓，但国不可一日无君。接下来发生了一件事，让朱祁镇这个监国一下子变成了国家最高的统治者。

事实上，于谦早就觉得朱祁钰比朱祁镇更适合做皇帝，让他觉得诧异的是，当于谦带领朝中重臣将选举结果告诉朱祁钰的时候，朱祁钰却接连几日都闭门不见。这究竟是什么原因呢？

朱祁钰不是傻子，他也有自己的算盘。明朝已经被朱祁镇折腾的气数已尽，前不久又搭上了五十万大军，皇宫内部，和也先谈交换的条件，皇太后和钱皇后为了能够将朱祁镇赎回，已经把好东西都送给了瓦剌。现在的大明朝只是一座空空的皇宫而已，什么都没有，朱祁钰觉得这就是一个天大的烂摊子。这是不是个烂摊子就先不说，如果哪天朱祁镇被放回来了，他该怎么做呢？他想来想去，真是进退两难啊！

有些事情发生了不是偶然，而是注定的。宦官王振把明朝弄得一团乱，他在朝中专门对抗异己，只要是得罪他的或者对他不利的大臣，都会被他陷害，不被害死也会被贬蛮荒之地，王振在朝中分外嚣张，大臣们即使是对他再憎恶也不敢向皇帝上疏弹劾。

朱祁镇被俘虏，王振被杀，文武百官瞬间觉得大快人心啊！大臣们趁势请求郕王扫清王振的阉党，就在这时，锦衣卫的指挥马顺跑来阻拦，大臣们见到这个曾经和王振穿一条裤子的人心中的怒火更是旺，于是抓住马顺一顿痛打，最后竟被群臣打死了。

朱祁钰亲眼见到马顺被群臣痛恨到被殴打致死的场面，担心会引来更大的事端，于是想要转身离开，正巧于谦看见，把他拦住。于谦向朱祁钰行礼，说不用担心，这并不是针对郕王，群臣只是痛恨阉党，只要郕王将王振的党羽揪出来，群臣就愿意辅佐完成大业。接着朱祁钰听于谦的话将王振的死党带了出来交给群臣处置，文武百官看到这两个人，都痛恨至极，也把这两个人当场打死了，这件事被称为左顺门事件。

就这样，朱祁钰登上了皇位，是为明代宗，年号景泰。

朱祁钰刚登上皇位，也先就得到了消息。他这才知道原来自己辛辛苦苦抓来又好吃好喝招待的朱祁镇竟然一点儿用都没有，还留在瓦剌做什么？于是就让大明派人将他接了回去。不要以为也先葫芦里卖的什么好药，他是等着看好戏呢。知道京城还有一位皇帝，如今把朱祁镇送回去就是让他们互相斗，一山不容二虎，一国也不能有两位君王。也先不杀朱祁镇而是把他放回去，想要看着两个大明皇帝争夺皇位的重场戏，你们大明不是凡事都讲究有备无患吗，这次看看是福是祸呢？

朱祁钰是真心不希望朱祁镇回京，他和也先都想到一起去了，可朱祁镇回来了该怎么办？当初担心的事情果然还是发生了，可是接下来又会出现怎样的状况呢？

朱祁钰拖延时间不派人去瓦剌将朱祁镇接回，就在这时候，于谦又站出来了，好像设身处地为朱祁钰着想地说，皇帝应该立刻派人将朱祁镇接回来，毕竟是皇室的人，他向朱祁钰保证，朱祁镇回来之后绝不会影响到皇位。于谦说话最会绕圈圈，他话里带话地告诉朱祁钰，他以兵部尚书的身份保证，坚持由朱祁钰来做这个皇位，而朱祁镇就算回来也就是一个太上皇罢了。话都这么说了，朱祁钰也不好再推脱，只能同意了。于谦也说话算数，朱祁镇在回来之后没有影响到朱祁钰的皇位。朱祁钰采纳当时于谦的意思，虽然封朱祁镇为太上皇，却把他软禁了。

软禁的时间不短，七年的时间，朱祁镇早已经没了夺位的野心，但是就在这时竟然出现了转机。

景泰八年正月，朱祁钰生了重病，卧病在床，群臣都非常担心，但是朱祁钰立的太子也过早夭折，如果皇上的身体真有个闪失，大明王朝该由谁主宰啊！

就在这个紧要关头，石亨和曹吉祥派人日日观察朱祁钰的身体状况，见朱祁钰的身体一天不如一天，于是私下谋划着让朱祁镇复位。这就是历史上著名的夺门之变，朱祁镇复辟成功，重新登上了皇位。

局势分析

英宗没有考虑清楚就亲自率军征讨瓦剌就是这个下场，堂堂一国之君，被瓦剌俘虏一年之多，国家不能一日无主，他的弟弟朱祁钰本来担任监国，为考虑局势只能先顶替朱祁镇登上了皇位。于谦也为国家存亡付出了巨大的努力，然而南迁的主力徐有贞和武人石亨对于谦的做法非常不满，朝廷之中还是存在派系之争，等到英宗返京，被朱祁钰幽禁在南宫，两兄弟之间因皇位而出现芥蒂。至景泰八年（公元1457年）正月，景帝突发重病，石亨等重臣来到榻前，石亨见景帝病重，背离同党，觉得立太子倒不如复英宗，还能够邀功请赏，于是和宦官曹吉祥、失意的政客徐有贞等人，在夜晚率军强行闯入大内，将英宗救出，英宗复辟成功。

说点局外事

代宗是宣宗的二皇子，他的母亲是汉王朱高煦宫中的普通侍女，当时宣宗征讨汉王，将汉王擒获，为了惩罚汉王，下令把汉王宫中的侍女都带到后宫做奴隶，在将汉宫侍女带到宫中的路上，深深迷恋上了汉宫侍女吴氏，这个人就是代宗的生母。在封建礼教的束缚下，吴氏有罪就不能被封为嫔妃，宣宗宠爱她，就把她安顿在临近宫墙的大院子中，后来吴氏生下了宣宗，取名朱祁钰。

明宣德八年，宣宗身体抱恙且每况愈下，于是派人召吴氏和朱祁钰进宫，还嘱托母后日后要善待吴氏和朱祁钰，万万没有想到，竟然因为英宗的一时荒唐，朱祁钰竟被群臣推上了皇帝的宝座。

愿得一人心的痴心帝王

古代帝王个个都拥有无数后宫佳丽，百花丛中一点绿，受皇帝宠爱的妃子自然是子凭母贵，生下皇子的妃嫔又是母凭子贵。明朝时期也不例外，但这位帝王虽然后宫繁花似锦，但他却将三千宠爱于一人身上，这个皇帝就是明孝宗朱佑樘。

朱佑樘（公元 1470 年—公元 1505 年），1470 年生人，是明宪宗朱见深的第三个儿子，是明朝历史上第九位皇帝。成化十一年，也就是公元 1475 年被立为太子，成化二十三年 (公元 1487 年) 九月，明宪宗朱见深病死后继位，改元弘治，故后世又称他为弘治皇帝。朱佑樘一生在位 18 年，在位期间，政治比较清明，百姓安居乐业，与其父朱见深执政的成化时期相比，有了比较大的改观，因此被称为弘治中兴。

朱佑樘勤政爱民，大赦天下，百姓安居乐业，不愧是中兴的明主，无论是才还是德都不亚于明太祖和明成祖。

在他还没出生之前，万贵妃在后宫非常受皇上宠幸，后来他出生了，纪氏为了使自己的儿子有一个安全的成长环境，甘愿在冷宫中受苦。在他当上皇帝以后，他改革时弊招揽民心，曾使明朝经济一度上升，被后世誉为“弘治中兴”，而且在他的一生之中只册封了一位皇后，嫔妃甚少，这在中国封建社会的帝王史上可谓极其罕见。

朱佑樘的母亲纪氏并非汉人，而是广西纪姓土司之女，成化三年（公元 1467 年），纪姓想自立为王，不过难敌朝廷大军攻袭，于是把他的女儿带到皇宫，宫里给她派了个看护皇家典籍的差事。宪宗朱见深偶见纪氏便深深喜欢上了她，并临幸了纪氏。当时，万贵妃深受宠幸，仗着自己的几分容颜为所欲为。她对每一个阻拦她皇后梦的人都恨之入骨，为了登上皇后的宝座，她命心腹太监给已怀有身孕的纪氏吃堕胎药，由于宪宗无子，太监张敏不忍心这样做，偷偷把堕胎的药量减少了一些，这个孩子才得以出生面世。在好心的宫女和太监们精心照料下，皇子朱佑樘平安诞生，吴皇后也一起照顾哺养，就这样朱佑樘长到了五岁。

纪氏不愿与人争宠，只求母子平安，但万贵妃没有善罢甘休，她的目标是皇后的位子，纪氏有了龙嗣，难保一日会成为她的绊脚石，没有心计的纪氏还是没有逃出万贵妃的魔爪。

成化十一年（公元 1475 年），太监张敏在无意中对宪宗说出了这个事情。宪宗深感无嗣的忧愁闻知此事后欣喜万分，立刻将朱祐樘接到身边。第二年，朱祐樘被封为太子，纪氏被封为淑妃，移居西内。仅过了四十七天，纪妃就被万贵妃给暗害了。宪宗没有彻查此事，只是将其厚葬，并谥纪妃为"恭恪庄禧淑妃"。不久，太监张敏吞金自尽。

这件事发生之后，朱见深的祖母周太后深知万贵妃心肠歹毒，担心朱祐樘会遭到她的毒害，于是在仁寿宫抱养了孙子，小太子的生命得以保全。此后，万贵妃老谋深算，让朱见深去临幸后宫嫔妃，当然皇子也多了起来。于是，万氏就撺掇让朱见深改立太子。朱见深禁不住她的旁敲侧击，正要改换太子时，泰山忽然发生倒塌，钦天监禀报说此兆是东宫的不祥预兆，朱见深认为自己因为废太子激怒上天，易储之事遂搁置下来，朱祐樘的太子的地位得以保全。

朱见深也对小太子朱祐樘的言行举止进行严格要求，想要把朱佑樘教育成为一代贤明的君王。九岁时，朱祐樘便"出阁讲学"，被教育得甚是严格，教他的老师是当时名噪一时的大学士如彭华、刘健、程敏政等人。从九岁出阁讲学到十八岁即位，朱祐樘九年间一直在学习，年纪轻轻便知道凡事以江山社稷为重，因此朝中大臣也很看好这位太子。

弘治元年（公元 1488 年）二月，御马监左少监郭镛请预选淑女，为孝宗选妃做准备。而孝宗号称以孝治天下，已经许下为宪宗皇帝守孝三年的诺言："三年不鸣钟鼓，不受朝贺，朔望宫中素服"。因此，当时的左春坊左庶子兼翰林院侍读谢迁也上言说，宪宗的陵墓工程还在继续，皇帝居丧住的草庐还未变旧，选妃一事暂且搁置。谢迁这么一说，选淑女备嫔妃的事情就不了了之。因为孝宗幼年对母亲受万贵妃迫害的事给他留下了阴影。他对于嫔妃之间的争宠甚是反感。因此，在他一生之中，虽然有妃子上千，未曾另立一位嫔妃，因此，他在位时期，嫔妃因相互争宠而互相残害的事情很少。

由于宪宗对佛道深信不疑，喜好房中之术，许多佞幸小人浑水摸鱼进入朝中。李孜省凭方术、房中术而深得皇帝的青睐，有了大权后又和太监梁芳成为一丘之貉，勾结朝臣营营苟苟。孝宗朱祐樘即位之后，将这两人罢官，使文武百官拍手叫好。接着，他开始对吏治进行改革，对以万安为首的"纸糊三阁老""泥塑六尚书"进行处理。又重新起用王恕、怀恩、马文升等在成化朝因直言而被贬的骨鲠之臣，以及徐溥、刘健、谢迁、李东阳等贤臣。同时，改革律制，对盐法重新征求意见，废除弊政，当时也因此而国富民安。

弘治五年（公元 1492 年），苏松河道淤塞，百姓苦不堪言，孝宗命工部侍郎徐贯亲自上任整顿，苏松水患在其精心治理下得到缓解，再度成为百姓安居乐业的地方，因此他更加深得民心。

孝宗吸前人之鉴，远离宦官小人，把心思放在政治上。他勤勉持政，早朝每天必到，在此基础上还增添了午朝，这样皇帝就可以聆听更多的进谏，处理政务。同时，他还开设了经筵侍讲，在朝臣之间营造学习治国之道的氛围。他还开辟了文华殿议政，利用早朝与午朝之余的时间与内阁商讨国家大事。付出总会有回报的，孝宗的勤政使得吏治清明，而且国家的政治经济农业生产各方面都有了显著的提高，被史家称为"弘治中兴"。

弘治八年（公元 1495 年），由于年幼时的一些痛苦经历使得身体备受煎熬，他希望在佛教那里得到解脱。与前一次一样，一些奸佞小人无能之辈借此机会再次进入朝廷，再次祸国殃民，皇帝身边的红人李广就是其中之一。此后，孝宗"视朝渐晏"。

弘治十年（公元 1497）二月，徐溥等人向皇帝上奏进谏，请求皇帝为了苍天百姓罢黜李广。三月，孝宗在文华殿召见了内阁大学士徐溥、刘健、李东阳、谢迁，商讨国家大事，但此后，皇帝却鲜有面见朝臣的行为了。

弘治十一年（公元 1498 年），李广劝孝宗在万岁山修建毓秀亭。幼公主在亭子刚修好时突然夭折，不久，清宁宫离奇地出现了火灾。太皇太后生气说："今日李广，明日李广，果然祸及矣。"这时，李广迫于言论引咎自杀，孝宗天真地认为李广家中藏有天书，派人抄其家底，出人意料的是翻出了李广贪污受贿的证据，孝宗这才恍然大悟。于是他悬崖勒马，痛改前非，开始勤于政务，亲贤人远小人，重用刘大夏、戴珊等贤臣。

弘治十六年（公元 1503 年），张皇后的两位弟弟张延龄、张鹤龄晋封为建昌侯。这兄俩两凭着外戚的身份横行霸道，气焰嚣张，纵容家人欺行霸市，祸害百姓。大臣们向孝宗弹劾此二人，要求严惩张氏兄弟的无法无天的行为。孝宗虽派侍人核实了此事，但是，却碍于皇后的原因而作罢，结果造成了弘治朝张延龄、张鹤龄外戚专权的弥天大祸。

虽然孝宗在这件事情上碍于情面，但人非圣贤，孰能无过。他改革时弊，造福百姓，对当时社会的稳定和发展具有很大的帮助。

弘治十八年（公元1505年）五月七日，孝宗病逝于乾清宫，年仅36岁。他将皇太子朱厚照托付给刘健、李东阳、谢迁等人，并语重心长地对大臣说：太子人天资聪颖，但是年龄甚小，又爱玩耍，诸卿要多费心力，使他成为一代明君，朕死而无憾了。他给太子朱厚照嘱咐则是"任用贤臣"。孝宗死后，葬于昌平泰陵。

局势分析

在明朝历史上所有的皇帝中，孝宗朱佑樘看上去一点都不起眼，在他之上有昏庸的成华帝朱见深，在他之下，有把大明江山几近葬送的朱厚照，这就使得在历史上，他发挥的作用是微不足道的。

但事实上并非如此，朱佑樘是个善良又宽容大度且年轻有为的皇帝，虽然他的寿命并不长，只活了三十六岁，却在掌权的19年里使大明朝在二百七十六年的历史上呈现出繁荣辉煌的时期，这就是弘治十八年。

"弘治中兴"并不漫长，虽然其中也存在一些弊政，但明孝宗的宽厚贤明的政治品德以及在弘治朝中众多的君子，君臣关系更是一片融洽，这种政治现象为弘治中兴锦上添花，也成为君王及臣子们所敬仰和祈盼的。

说点局外事

在中国封建社会时期，男人拥有三妻四妾并不是什么稀罕事，而是当时旧的道德伦理所支持的，同样受到国家法律的保护。然而九五之尊的皇帝身份尊贵，权力至高无上，后宫更是佳丽无数，妻妾成群。这其中领军人物要属唐玄宗和晋武帝了，后宫的妻妾数量堪比一整个整编师了。即便像光绪那样，后宫妃子共三人，可以说我们现在的一夫一妻永远都和皇帝扯不上边。

但偏偏明孝宗朱佑樘就是个例外，他也是在中国历史上的君王中唯一一个在真正意义上实现男女平等的帝王。一生只有一个张皇后，而且从始至终没有纳宫女，也没有册封贵妃、美人，每天只和皇后居住在一起，两人的生活平淡且真实。

孝宗和张皇后真心相爱，两人患难与共，也是让人羡慕的一对。朱佑樘从小就接受着严格的教育，且很早他就明白，如果想要做一个人人敬仰的好皇帝，就不能为了儿女情长而不理大明江山。他和张皇后每天同起同卧，一起读书作画，欣赏琴舞，朝夕相伴。虽然看似平常的生活，但也正因此成就了明朝帝王的特殊历史，也是朱佑樘作为明君的重要标志之一。

孝宗唯独宠爱皇后，因此在他的皇陵中只埋葬着夫妻二人，这在中国历代皇陵中是绝无仅有的，这也为他成为一代明君增添了一抹浓重亮丽的色彩。

今朝有酒今朝醉

朱厚照的生母张氏出生于平民之家，在成化二十三年（公元1487年）二月与当时的皇太子的朱佑樘成婚，九月被正式立为皇后，她是孝宗朱佑樘唯一的后妃。张氏婚后四年才生育皇子，孝宗非常欣喜，五个月后就将其册封为皇太子。后又生有一子，但过早夭折，因此朱厚照从小就被视为掌上明珠。

皇太子朱厚照从七岁就开始接受系统的儒学教育。他虽然天资聪颖，但毕竟是个孩子，生性好动，贪恋骑射。由于宦官刘瑾等人为得到皇太子的宠信，经常带着太子练习骑射，放鹰逐犬，终致皇太子远离侍读儒臣，导致太子的学业荒废。

弘治十八年（公元1505年）五月，年仅14岁的朱厚照在孝宗朱佑樘突然病逝后继位。

朱厚照（公元1491年—公元1521年），公元1491年生人，是明朝第十代皇帝。少年天子朱厚照即位不久，就开始露出玩乐本色，滥用权力为所欲为。朱厚为了尽情地玩乐受到"八虎"（指皇帝身边的八个太监，包括刘瑾、马永成、高凤等人，其中以刘瑾为首）的蛊惑，废除了尚寝官和在文书房侍从皇帝的内官，以此扩大自己行动的自由。他更是以各种借口逃脱专为皇帝设立的经筵日讲，到后来甚至连早朝也不上了。朱厚照在宫中模仿街市的样子建立许多店铺，让太监扮做掌柜和百姓，他则扮做富商，整日游乐其间。后来又模仿妓院，让宫女扮作粉头，他挨家进去听曲、淫乐，搞得后宫乌烟瘴气。大学士刘健、李东阳、谢迁等人见此，相继上书劝谏，甚至以请辞相威胁，但朱厚照每次都是嘴上说"知道了"，实际上依旧我行我素。

宦官刘瑾肆意妄为，被人称为刘皇帝，行事甚为嚣张。正德元年（公元1506年），朱厚照因为群臣不断上书，开始同意除掉"八虎"。但刘瑾听说后急忙跑到朱厚照的面前一番声泪俱下地哭诉，这让朱厚照的心又软了下来。第二天，朱厚照竟惩治了首先进谏的大臣。而他竟然批准谢迁、刘健再次以告老还乡的威胁，还提升刘瑾为司礼监，丘聚、谷大用分别提督东厂和西厂。

自从刘健、谢迁告老还乡，与"八虎"对峙的群臣一时间没了主心骨，领头人走了，没有人敢接任刘健和谢迁的领头人位子，最后"八虎"得逞。

偌大的紫禁城的高大城墙已经挡不住朱厚照的玩乐之心，他放荡不羁，为所欲为，还时常被宦官蛊惑微服出游，还重新修建了政治和军事中心。

正德三年（公元1508年），武宗朱厚照厌倦了宫中生活，离开紫禁城，住进了他自己于正德二年建造的豹房新宅。至正德七年，豹房新宅共添造房屋二百余间，耗银二十四万余两。他的豹房新宅既是他居住和处理朝政的地方，也是当时的政治军事中心。豹房新宅有许多密室，像迷宫一样。此外，还建有校场、佛寺。朱厚照在此每日荒淫无度。

有权力的地方就有争斗，武宗时期宦官弄朝，其中"八虎"之首刘瑾的权力最大，他与"八虎"之一的张永之间始终有矛盾，张永被刘瑾排挤陷害，二人的矛盾日益激化，嫌隙越来越深，无法和解。后来在对抗清除宁夏安化王反叛清除刘瑾的起义中杨一清有意结实张永，实则为了游说张永，借他之手除掉刘瑾。

安化王朱真鐇于正德五年（公元1510年）四月发动叛乱。却因为不得人心，叛乱很快被平定。长期受到刘瑾的打压，太监张永借献俘之机，向武宗揭露了刘瑾违法犯纪的十七件事，指出安化王造反皆因刘瑾有反叛之心，图谋不轨。武宗俯身问道："当真如此？"周围的马永成等人也都历数刘瑾不法之事。于是武宗派人前去刘宅，自己则紧随其后。披着青蟒衣的刘瑾刚一出门，随即被缚。抄没家产时，发现一枚私刻玉玺，穿宫牌五百，以及盔甲、弓箭等大量违禁物品，又发现他竟然藏有两把锋利的匕首在平时所用的折扇里面。罪状确凿的刘瑾，被斩于同年八月。但刘瑾死后，武宗依然宠信宦官。

大宦官刘瑾虽被清除，但宦官乱政的风气却没有改善，在他们的鼓动下，武宗继续他荒淫无度的生活，还在豹房里养起了动物，同时他还大量收纳义子，这也是历史上的皇帝中绝无仅有的。

在豹房新宅中，朱厚照不仅广招乐妓，还大肆认领义子。仅正德七年（公元 1512 年）一年间就将一百二十七人改赐朱姓。而在这些义子中，江彬是最为得宠的。原是一名边将的江彬，因立军功获得朝觐的机会。觐见时，他的言语因深合朱厚照之意，于是朱厚照命江彬率边兵入京进驻豹房。江彬此后更是鼓动武宗离开京城到西北游幸。一向以雄武自居的朱厚照，当然梦想着能在广阔的草原上一展雄姿。而更激发了武宗的兴致的是江彬告诉他那里多美妇。

武宗在继位后不久便娶夏氏为妻，之后又选了几位嫔妃。然而，自从他搬到豹房之后，并不在意后宫中的皇后、嫔妃，极少回后宫，而是将喜欢的女人都安置到了豹房和宣府的镇国府。武宗虽然风流好色，阅女无数，但一直没有生子成了他心中无法抹平的伤痛，为此他甚至迎娶孕妇。

正德十一年（公元 1516 年），赋闲在家的马昂结交武宗身边的红人江彬以求得复职升官的机会。江彬受贿后就经常在武宗面前赞扬马昂的妹妹是个美若天仙，娴熟骑射，能歌善舞的美女。武宗见后非常喜欢，将其从宣府带回了豹房而不顾她已有身孕，马昂也凭此如愿以偿升官晋职。当朝臣见马昂被任命为右都督后，纷纷上疏要武宗驱逐马氏，以绝后患。武宗见事已至此，不得不逐渐地疏远马氏。

虽说朱厚照整日沉迷于声色犬马之中，但他这一生最遗憾的事就是终生无子，没有皇位继承人，因此皇位只得落入皇系旁人的手里。

然而修建了豹房之后，他还不不满足于此，依然大兴土木，修缮了"镇国府"，在吃喝玩乐的悠闲生活中，蒙古小王子的进犯来袭让他不得不打起精神。

正德十二年（公元 1517 年），在江彬的鼓动下，武宗朱厚照一行浩浩荡荡地来到宣府，开始大肆修缮"镇国府"。朱厚照称之为"家里"，可见他对这里非常喜欢。朱厚照还下令将豹房内的珍宝、妇女运到镇国府来。同年十月，蒙古小王子部叩关来袭进犯，武宗朱厚照因一心希望建功立业，闻知此事非常高兴，他亲自布置，同小王子大战一场。

这是场十分激烈的战斗，明军曾一度被蒙古军分割包围。正是朱厚照亲率大军援救，才使得明军解围。双方打了大大小小百余场战斗，期间武宗与普通士兵同吃同住，甚至还亲临前线杀敌。这极大地鼓舞了明军将士。最后，小王子见久攻不下，知道自己没有胜算，便引兵西去，明军取得了一场难得的胜利，史称"应州大捷"。从西北胜利归来的武宗朱厚照闲不得，又开始酝酿南巡。

朱厚照好大喜功，刚打了场胜仗就开始准备南巡之事，就在这时，宁王朱宸濠借机向武宗进攻，后被王守仁俘虏，朱厚照却又上演了一场你放猎物我来抓的游戏。

正德十四年（公元 1519 年），宁王朱宸濠趁朱厚照荒于政事，效仿成祖朱棣发动叛乱。武宗朱厚照以此为由南下亲征。然而，王守仁擒获宁王的捷报在朱厚照刚到达河北涿县时就传来了。一心南巡的朱厚照执意向南，于是命王守仁不要北上献俘，而是将朱宸濠重新释放后，自己亲自将其抓获，然后大摆庆功宴以庆祝自己取得胜利。经过一番折腾后，朱厚照开始在江南肆意玩乐。正德十五年（公元 1520 年）九月，武宗在南巡途中于清江浦（今江苏清江市）垂钓，不慎落入水中，虽被随从及时救起，但身体受寒，从此一病不起。

局势分析

刘瑾当时在朝中的势力正大，气焰嚣张，频频修改明朝的法治，还对那些不依附于自己的朝臣进行大肆残害，搜刮民脂民膏，被人们称为"立的皇帝"，士大夫门后都不敢有半点怨言，杨一清知道张永和刘瑾有很深的恩怨，蓄意除掉刘瑾，于是就借此机会为张永献计，怂恿他去除掉刘瑾。

张永收到捷报，于是打算在八月十五日献俘，但是刘瑾却让他暂缓行动。当时在京师有传言说刘瑾想要在八月十五日这天，假借百官为他的兄长送葬之机将张永逮捕。张永听到传言，担心传言属实，于是就没有听刘瑾的话，提前献俘。之后武宗摆酒犒劳张永，刘瑾也在旁边侍候。当天晚上刘瑾出去了，张永趁机拿出早已准备好的奏疏，共列出刘瑾十七条大罪，条条都够死罪。还将上面列出刘瑾罪行的诛讨刘瑾的檄文也拿了出来，这个檄文曾经上报，但是中途被刘瑾看到，压了下来。

武宗当时已渐渐微醺，带着醉意，低头说："刘瑾辜负了我。"张永催促武宗下决定说："这不是小事，要立刻处理，不能再优柔寡断。"这时"八虎"中和刘瑾不合的人随声附和，武宗立刻下令逮捕刘瑾，还命人将他关在菜场，还派人彻查他的住宅。

第二天就将张永的奏疏交给内阁，还将刘瑾降为奉御，贬到凤阳。刘瑾不死心，想要挽回局面，于是向武宗哀求，赏赐给自己一两件衣服。武宗确实心软了，于是给刘瑾上百件旧衣服。张永看出武宗心慈手软，于是就怂恿武宗将刘瑾抄家，结果发现刘瑾的家里藏有皇帝印、穿宫牌、龙袍和许多铠甲武器，这些都是违禁品，他还发现刘瑾常常拿在手里的扇子藏有非常锋利的匕首，这才相信刘瑾有造反之意，立即将他关入大牢，在经过审理后，刘瑾被判凌迟。刘瑾曾变更的法律制度也得以恢复。

说点局外事

刘瑾是陕西兴平人，本来姓谈，在六岁的时候被一个叫刘顺的太监收养，因此后来跟随了养父刘姓，净身入宫做了太监。在孝宗时期犯了死罪，被赦免。后来有幸侍奉太子朱厚照。刘瑾通文史，博古通今，有很广泛的学识。他擅于察言观色见机行事，还能够揣度皇帝的心思，投其所好，引诱武宗痴迷玩乐，手段高明，因此很受皇帝的宠信。

自从太子朱厚照继位之后，刘瑾频频加官晋爵，竟把官职做到了司礼监掌印太监，他大权在握，更是肆无忌惮为所欲为，还引诱朱厚照沉迷女色与玩乐之中，从此荒淫无度。而他自己却借此机会掌控朝政，被人称之为"立皇帝"，而放纵玩乐的武宗被称之为"坐皇帝"。

刘瑾野心极大，在他掌握大权之后，依然不能满足他的权利欲，监督其他"七虎"的动作，和同僚太监矛盾日益激化，他还趁武宗骄奢淫逸之际排除异己，为自己能够掌握大权扫除后患。朝中许多正直的大臣都惨遭刘瑾的毒手。

权擅天下的"八虎"之首

相传明太祖朱元璋为了告诫那些野心勃勃的太监，特地在宫门上挂了一个铁牌，上面醒目地写道："内臣不得干预政事"。他意在让太监们最好打消不该有的念头。当时在明朝开国皇帝朱元璋和威猛帝朱棣统治时期，没有宦官敢做出任何出格的事，都本本分分做好自己的事。

但是明太祖担心权臣的势力会威胁到自己，后来害怕权利逐渐失去震慑力，于是他取消了丞相这个位子。想想看，一个国家拥有着辽阔的疆土，每天都有处理不完的事务，然而皇帝不是神仙，他也是人，做什么事情也不能照顾到方方面面，因此就宠信自己身边的一些亲信，给自己办点紧急又机密的事情，时间一长，就会有些皇帝开始变得懒散，把奏折也交给宦官处理，最后导致宦官的权力越来越大。

在武宗统治的时期，这个自得其乐的皇帝把自己的大明江山拱手让给了宦官，他这个一国之主反倒逍遥自在去了。国家的统治与否以及如何治理，对他来说这都无关紧要。也正是因此，"八虎"就出现在这段时期。

"八虎"是朝中的宦官，由八个人组成，因此称为八虎，他们分别是刘瑾、马永成、高凤、罗祥、魏彬、丘聚、谷大用、张永。在"八虎"中，以刘瑾为首，他是明朝时期继王振之后又一个宦官掌权的代表。

刘瑾（公元 1451 年—公元 1510 年），公元 1451 年生人，明朝时期的大宦官。在刘瑾掌权时期，他最擅长于对不服从于他的人用刑，以此来树立自己的威严，谁不听我的命令，我就要让他尝尝大明朝刑罚的滋味儿，直到你从嘴里说出要为我所用。朝中的官员大多懦弱，个个都看不惯刘瑾的做派，对他是敢怒不敢言。后来刘瑾被杀，朝中的文武百官都拍案叫绝，刘瑾的死真是大快人心。当时京师流传着"两个皇帝"之说，一国之君朱厚照被称为坐皇帝或朱皇帝，而刘瑾则被称为站皇帝或刘皇帝，显然刘瑾是功高盖主。

刘瑾本来姓谈，后来他自宫想要投靠一位姓刘的太监，为表诚意，跟随了这位太监的姓氏。史册中有记载，刘瑾"尝慕王振之为人，在孝庙时愤郁不得志，每切齿"，可见，刘瑾内心隐藏着对权力巨大的渴望，还把前朝的专权太监王振作为心中的目标。后来，刘瑾左盼右盼，终于盼来了他渴望已久的机会，他有幸被选入了东宫，被派到皇太子朱厚照的身边侍奉。刘瑾很会讨主子开心，他见朱厚照喜欢玩乐，于是在这上面费尽心思，不断在朱厚照喜欢的东西上研究如何换着花样玩，以获得朱厚照宠信。他和"七虎"一起在游戏中引诱朱厚照，后来又引进了老鹰和犬类，又使其纵情歌舞，角抵等供朱厚照玩乐。他还引导朱厚照微服出宫，使其一举一动都掌握在自己的手中。

朱厚照一向喜欢吃喝玩乐，加上身边有刘瑾这么一个人支持他的行为，时间久了，朱厚照就觉得刘瑾是个对自己用心的人，于是开始宠信刘瑾。刘瑾是个聪明人，他懂得适时把握时机，就如同一些聪明的小孩，猜到当朋友或同事来访，如果向家长要零花钱，父母给的可能性很大，成功一次，就知道怎么要钱了，时间长了，于是便成了习惯。刘瑾是个聪明人，他自然明白这个道理。

他对朱厚照平日里玩乐的事项很是用心，每天都给他安排很多让朱厚照感兴趣的玩乐项目，当朱厚照正玩得不亦乐乎，他就叫大臣把奏章递上来，让朱厚照批阅。这时，朱厚照见奏章一摞摞的送上来，觉得扫了兴，便不耐烦地说："你们都是干什么吃的？这点事还要我亲自处理吗？"说罢，就把奏章交给了刘瑾。从这以后，不管大事小事，刘瑾都不再上奏，虽然不能坐上那把金光闪闪的交椅，但奏章都放到自己的桌上，也算是过了把皇帝的瘾。

刘瑾虽然是个太监，但并不是没有能力的，史书中记载，他读过书，也通晓历史。朝政上遇到的问题还是能够解决几个的，因此朱厚照把奏章交给他，朱厚照就放心了不少。

后来，刘瑾的权力不断扩大，他的野心也越来越大，成了朝中专权的太监。他亲手栽培的亲信对他誓死效力，称他为"千岁"。一次，都察院奏了本章，称刘瑾的名字，刘瑾看后很是愤怒，都御史听闻立刻派属下到刘瑾府上请罪，这才免遭刘瑾对他的惩戒。

这件事遭到了诸位大臣的不满，于是联名上报朝廷，要依法严惩刘瑾这个玩弄权力的宦官。刘瑾之前听到了一些风吹草动，很是担心，于是立刻召集其余七人赶到了朱厚照面前哭诉请罪。朱厚照始终蒙在鼓里，不清楚真相，不仅不听大臣们的劝告，还给刘瑾升了官，还让刘瑾两个同党担任东厂和西厂提督，还把王岳等人这些和阁议站在一条战线上的太监派到了南京充当禁军，此时朝中的局面就在一夜之间发生了转变。

刘瑾一下变得更加嚣张了，被朝中的重臣们联名弹劾，不仅没有受到惩罚，反而升了官，但是他意识到威胁的存在，为了让自己的位子坐稳，于是接下来他就开始了迫害群臣的重大计划。

正德四年（公元 1509 年）十月，刘瑾又设立了内行厂，由于不放心旁人，于是决定自己亲自掌管。内行厂也是极其残酷，更甚于东、西二厂。内行厂最主要的功能是可以监视东、西二厂，刘瑾担心其他大太监会有什么小动作，因此在刘瑾的监视下宦官和朝堂中的大臣们都不敢轻举妄动，许天锡本来想要弹劾刘瑾，奏章都写好了，但是犹豫不决，思考再三觉得成功的概率不大，因此又把奏章偷偷塞进怀中，选择悬梁自尽了。

为了惩治那些和自己对立的官员，他还特地制作了重量达一百五十斤的枷锁，专门用在那些弹劾过自己的官员们身上，过不了几天就会被沉重的枷锁拖累而死。

刘瑾做过的坏事数不胜数，镇守边疆的藩王都觉得他做得太过分了，准备发兵到京城，杀了刘瑾这个宦官。这件事虽然被迅速镇压下来，没有实现，但让朱厚照有所察觉。于是下令彻查刘瑾。

朱厚照在查抄刘瑾府时也在场，他目睹刘瑾家里有数不尽的金银财宝，当时就目瞪口呆了，让他更加不敢相信的是，有许多违禁物品例如伪宫牙牌、衣甲丁弩和玉玺等，他还发现刘瑾平时用的扇子里居然藏有机关，里面有两把非常锋利的匕首，只要按动按钮就能够发射出来，一旦发射便一次毙命。朱厚照对此感到非常惊讶，尤其是那把安装机关的扇子，让他下定决心杀掉了刘瑾。

局势分析

正德二年（公元 1507 年）三月，刘瑾宣布奸党名单，他下令命众臣跪在金水桥下，在这张名单上居然有几十人，就连大学士刘健也在其中，所呈罪状是"递相交通，彼此穿凿，曲意阿附，遂成党比"。自此把异己赶出政治场，他还让众臣都跪在他面前听他宣读诏书，让众臣心中背负压力，这只是刘瑾树立威严的第一步，也是重要的一步。

紧接着次年，又借匿名信之由故技重施，让群臣跪在火辣辣的烈日下，宦官李荣对大臣们深表同情，于是送去冰块为他们解暑降温，刘瑾知道后对李荣厉声呵斥了一顿。宦官黄伟觉得刘瑾仅仅因为一封匿名信就如此大动干戈，连累了许多人，觉得很是气愤，于是一时发了几句牢骚被刘瑾知道了，当天就被刘瑾放逐到了南京。文武百官跪在烈日下被曝晒了一天，究竟是谁投的信仍然没有结果。到了晚上，刘瑾又命人把低于五品的官员都押送到锦衣卫狱中看管，然而主事的何销、顺天推官周臣、进士陆伸三人都因为中暑而死。

说点局外事

《明史·宦官列传》上记载说：御史欧阳云等大约十余人按照老规矩向刘瑾行贿时，刘瑾不仅揭发了他们的行贿行为，还把他们一同治罪。他的行为现在看来实属可笑，但是我们也可以想象，人作为一种高级动物，思维诡异，想要贪污受贿做尽想做的事，又想要在人前被人夸耀，或者在众人面前展示自己是如何不同流合污，是多么的清白，只不过他从未想过，一旦某天真相大白于天下的时候，只会给人增添笑料罢了。

第四章　暗潮涌动的明宫

　　明世宗常年沉迷于修道，给严嵩和夏言等选相以可乘之机，宦官专权、奸臣当道，社会矛盾日益激烈，内忧外患非常严重；除此之外，明朝的外患问题日益明显，北方鞑靼还时常南下侵扰，倭寇更为猖獗侵略东南沿海地区。出现这样的政治局面也意味着改革才能挽救一个国家。神宗在名相张居正的辅佐下展开了一系列改革，这对明朝的发展发挥了巨大作用。后来神宗亲政，和张居正清算，才开始暴露出对金钱财富的贪欲，对百姓增加赋税，对地方形成困扰。

"道教皇帝"的沉沦

　　明世宗朱厚熜（公元 1507 年—公元 1567 年）他是明朝的第十一位皇帝。和历史上许多皇帝一样，朱厚熜也追求得道成仙，他将毕生的精力都放在炼制丹药上，想要寻求长生不老之路，因而他对道教很是崇拜。他从十六岁起就对道教的斋醮活动感兴趣，就是建坛祈求神明。他在位四十五年，多半时间都是住在用来炼丹和斋醮的西苑，由此可以看出他对道教是多么痴迷。道士们都看出了他的兴趣，于是纷纷争着想要博得他的宠信，向朱厚熜敬献许多歪门邪术，其中有一个道士最受朱厚熜的尊敬，这个人就是邵元节。

　　嘉靖十九年（公元 1540 年），在众多道士中，邵元杰为了讨好朱厚熜，炼制了一种名为"先天丹铅"的长生不老药，主要是由少女初潮的经血加上一定量的中草药和矿物质调制而成，这种药实际上有春药的作用。而作为供应这种药物制作的原材料的宫女将受尽煎熬，备受折磨还会落下一身的病痛，一生都会留下病根。在这种丹药的炼制背后要摧残多少正是青春年少的宫女，这是常人难以想象的。

朱厚熜听信邵元杰的话，相信这种丹药能够使他长生不老，于是在民间开始大量筛选宫女达数千人，放在宫里以备不时之需。被选入宫中的女子将为炼制的丹药提供原材料，还有就是成为朱厚熜泄欲的临时工具。由于他长期服用这种丹药，对少女们大肆地进行采集。他的行为使宫女们对他产生了怨恨心理，当听说了朱厚熜炼丹的消息，她们都被吓得毛骨悚然，被采集为原材料的宫女早已被折磨得不成样子，面无血色，体无完肤，还有的成了宫中死去的冤魂。几个胆子大的宫女竟想要暗地里合伙杀死朱厚熜。

嘉靖二十一年（公元1542年）十月二十一日，朱厚熜在宠爱有加的曹妃宫中饮酒作乐，到了晚上就一头倒在曹妃床上睡着了，曹妃并没有留下来，而是夫了另一间房休息。密谋的宫女想要趁朱厚熜熟睡的时候偷偷潜入屋里，连绳子都准备好了，打算勒死他，宫女们壮着胆子潜入了寝宫，但还是压不住内心的恐惧，畏手畏脚地把绳子套在了朱厚熜的脖子上，胜利就在眼前了，可是其中一个宫女太紧张绳子被系成了死结，因此无法收紧，朱厚熜拼命挣扎，曹妃宫中的张金莲听到有异常，恐怕事不能成，为了使自己活命，他立刻跑到方皇后那里通风报信，方皇后听闻迅速带人前来救驾，朱厚熜被绳子勒得昏厥了过去，过了许久才醒过来。谋害皇帝的宫女全部被逮捕。

朱厚熜醒来之后的好长一段时间内无法说话，因此这段时间宫变的事都是由方皇后处理的。方皇后妒忌曹妃受宠，因此在审讯过程中故意将曹妃判为弑君的主谋，趁朱厚熜尚未清醒，立即将十名宫女和曹妃的宫变案盖棺定论，并以朱厚熜的名义下令将她们一并处死。待朱厚熜清醒，知道她最宠爱的曹妃被方皇后陷害而死的始末，心中暗自怨恨起来。

嘉靖二十六年（公元1547年）11月，宫中突然发生了一场火灾，方皇后陷入火海，拼命呼喊急需救援，太监们听到后立刻报告朱厚熜，然而朱厚熜却在紧急关头故意找借口拖延，久久不来救援。等到救援赶到，方皇后已被活活烧死了。虽然在这场火灾中朱厚熜有幸活了下来，但是心里却开始疑神疑鬼，整日不能安然入眠，还时常听到忽远忽近凄凉的哭泣声。他对自己曾经所做的一切都没有任何悔恨之意，只是觉得在这里居住内心不安定，于是躲到了西苑，长期居住在那里，没有再回到旧宫。

宫变这件事情结束以后，为了缓和日益激化的社会矛盾，他采取了厘革缩弊、振兴纲纪等改革举措，还下令把以前占用的农田退还给了百姓，淘汰了军校的工匠约 10 万多人，"新政"在嘉靖年间呈现出来。朝野上下和百姓们都渐渐对他予以肯定。

朱厚熜痴迷道教，一心寻求长生不老的方法，因此很长一段时间都不理朝政，朝政大权掌握在严嵩和他的儿子严世蕃手里，朝廷政治腐败不堪，推行的"新政"没有付诸实行，国家的局势日趋严峻，政治和经济都出现了严重的危机。

嘉靖帝时期，朱厚熜花费了大量的人力和物力修筑京城。嘉靖三十二年（公元 1553 年）他沿着元大都土城遗址在周围环绕式修建了京城以外的郭城。如果按照最初的设计方案将是一个巨大的工程，后来接纳了严嵩的建议，决定先从南面开始修建，包围正阳门外的繁华街区，对于这个修筑方案，朱厚熜很是满意。在这个工程中，由于用兵过度，加上公元 1557 年宫里发生了一场大火灾，给紫禁城造成了巨大的损失，因此嘉靖皇帝决定重新修建宫殿，而外城没有重新修建。公元 1564 年，他在原有的基础上修建了外城各城门的瓮城，在初期还新建了地坛、日坛和月坛。

不得不说嘉靖皇帝是一个花钱大手大脚的人，他有些狂妄自大，还死要面子。公元 1524 年（嘉靖三年），朱厚熜想要为他的父亲追尊为"本生皇考恭穆献皇帝"，他刚一提出这个想法就遭到了吏部大臣们的反对，这件事他坚持了三年半的时间，历史上把这件事称为"大礼议"事件，大臣们为了节省国库开支纷纷反对，嘉靖帝坚持了三年半，大臣们也反对了三年半，最终反对朱厚熜的 200 多位文武官员都受到了不同程度的惩治，有 17 人被杖毙。自此之后，没有人敢反对朱厚熜，最终他还是将其父追尊为后帝，还将献陵改名为显陵，朱厚熜大肆修建皇陵，耗费了 48 万余两白银。

其实这件事站在嘉靖皇帝的角度想，他从外藩继任为皇帝，且生性多疑，因此朝中的旧臣他并不敢轻易重用。他不希望通过过继途径和养子的身份继承大统。出于这个原因，他一定要追封自己的亲生父亲为皇帝，尊崇礼教的大臣是一定不会答应的，在这件事上，大臣们可谓团结一心，纷纷递上反对的奏章，明世宗被成山的奏折弄得头痛，他本来决定退让，但就在这个时候，一个人站出来为嘉靖帝写了篇文章，这个人叫张璁。嘉靖帝选择退让无非是找不到为自己亲生父亲追封的理由，张璁就正中下怀，帮了他一个大忙。他在文章中批驳了众臣们的观点，让朱厚熜看后大快人心。张璁也因此升了官，成了护礼派之首。

护礼派的存在使其和议礼派的斗争永不平息，二者始终对立。嘉靖皇帝的大力支持，使得议礼派不断壮大，两派间的斗争日益激化，到了一定程度终于爆发了"血溅左顺门"事件。在两派的斗争中，议礼派逐渐占据上风，护礼派的诸位大臣决定联名向皇帝进谏，其中包括九卿、翰林、给事中、御史等大臣共达二百余人，这个共同进谏的庞大队伍，都跪在左顺门外面，一把鼻涕一把眼泪的，口里喊声更是震耳欲聋，嘉靖皇帝一气之下就把带头的几位大臣押入大牢。大臣们一看，嘉靖皇帝竟不吃这一套，还押入大牢，情绪一下子激动了。左顺门前顿时出现了一阵骚动，世宗不是什么好脾气，这一闹，他对这些大臣们起了杀心，把议礼派共一百三十四人全部逮捕，八十六人等待降罪，锦衣卫迅速包围了左顺门，左顺门前顿时成了杀戮场。

在这起事件中，皇帝最终获得了胜利，护礼的大臣们也为此送上了性命，世宗的愿望终于达成，这次事件过后，大臣们有的被处死，有的退出政治官场。这个时候朝中的奸佞之臣从中趁机争夺朝中大权，扰乱了朝政和纲纪。从此次事件上看，世宗不仅达到了自己的目的，还在朝中树立了自己的皇威，他的专制统治也由此开始。

嘉靖时期，国库并不充盈，加上政治腐败，朱厚熜除了炼丹就是修建京城，大规模修建皇陵，严嵩担任内阁首辅，大明王朝的天空被蒙上了一层灰。嘉靖四十五年（公元1566年）十二月十四日，朱厚熜在乾清宫去世，终年60岁。被葬北京昌平永陵。

局势分析

对于明世宗的评价各不相同，说他和明太祖朱元璋一样英明神武，也有人评论朱厚熜是一个昏庸无能的皇帝，整日炼丹，不理朝政。但是万物不能被说死，在嘉靖皇帝登基初期还是为国家做过一些事的，虽然后来他如同走火入魔般痴迷于炼丹，长达28年没有上朝，但也并非对朝政完全置之不理。和我们眼中的昏君，他的孙子朱翊钧相比来说，世宗还是强上好几倍的。

世宗在位时期，皇权是高度集中的，他严厉打击旧臣和皇族势力，无论他的目的处于不信任还是排除异己、树立皇威。他注重内阁在朝廷中发挥的作用，适当削弱宦官的权力，避免宦官干预朝政。

但反过来讲，他逐渐变得颓废，还不惜一切大兴土木，还迷信方士，痴迷道教，对佛教很是痛恨。为炼丹也为清净，在西苑居住长达二十一年，一心修炼，祈求能够长生不老。身为皇帝都是日理万机，而世宗却不理朝政，任严嵩为首辅大臣，严嵩专权20年，军饷被迅速消耗，吏治腐败，边事不闻不问，倭寇侵袭沿海地带，疆土受到破坏。

说点局外事

《明史》中对朱厚熜评价说："若其时纷纭多故，将疲于边，贼讧于内，而崇尚道教，享祀弗经，硬件繁兴，府藏告匮，百余年富庶治平之业，因以渐替。虽剪剔权奸。威柄在御，要亦中材之主也矣。"可以说，这是最公道的评论了。

立在百姓心中的丰碑

百姓心中都有一杆衡量当权者是否公平、是否有能力的秤杆，虽然百姓们不说，但他为百姓所做的一切都会记在心里，民意难违，所以就有了好官与昏官之分。宋朝有包拯，明朝有海瑞，他是立在百姓心中的一座丰碑。

海瑞（公元1514年—公元1587年），公元1514年生人，是明朝著名清官。他的祖父海宽，曾在福建松溪县担任知县。海瑞4岁时，便失去了父亲。海瑞的母亲谢氏，虽为妇人，但性格执拗，勤俭持家，她靠替人做些缝缝补补的家务活和耕种十多亩薄田来维持生计。

一个妇人养个儿子不容易，谢氏为了让儿子将来能够成才对他严加管教，

雇佣学识渊博的老师教导自己的儿子，海瑞曾在诸多老师的门下学习过，无论从生活上还是学习上廖平庵的教育深深影响了他的一生。海瑞的性子之所以如此耿直，还是要归功于他的母亲。

嘉靖二十八年，海瑞参加乡试时，以一篇《治黎策》高中举人。海南岛的五指山是黎族居住的地方，由于明政府的刑罚严酷，百姓苦不堪言。海瑞也亲眼目睹了明政府对他们的迫害，他认识到，政府之所以对黎族的百姓如此暴力，最终原因还是政策问题，于是有感而发写了《治黎策》。

同年，明政府又命令总兵陈圭、总督欧阳必率兵攻打黎峒，残害了黎族百姓5000多人。海瑞心中不平，认为明政府对他写的《治黎策》并没有认真考虑，因此非常气愤。接着他又写了一篇《平黎疏》，在他看来，如果政府只用暴力解决问题，非但不能让百姓信服，反而会使居住在海南岛的黎、汉两族人民怨声载道，生活不得安宁。

因此，海瑞主张应该选用足智多谋的官员管理海南，如果没有人愿意来的话，他愿毛遂自荐。如果有机会可以管理海南，他会先在海南岛境内开通几条大道，使交通畅通，如果可以使黎、汉两族有更多交流机会，那么隔阂也会随着时间的流逝慢慢消失的。对于海南的管理制度，海瑞费了一番心思，但是对于朝廷是否真正采用并落实，这就是他最担心的问题。

海瑞实行甲编制，以便于对百姓的管理，不仅这样，海瑞还让黎民享有和汉人同等的权利和地位，《平黎疏》反对政府进行暴力统治，提出了一系列治国安邦的良策，凸显了海瑞卓越的才智。但是，明朝上下对他的《平黎疏》置之不理，用它来治理国家更是天方夜谭。海瑞治理海南的计划算是石沉大海了。这让海瑞非常失望，他觉得自己只能眼睁睁看着百姓受苦，有计可施但又不被朝廷采纳，于是他开始寻求救国救民之路。

按照明政府科举选士的惯例，高中举人之后，就有机会担任教谕，倘若得幸被举荐，还可以当知县。嘉靖三十三年，海瑞被委任到福建延平府南平县当教谕，这一年，海瑞已年近四十，海瑞的官旅生涯由此开始。

南平地处福建中部，算是富甲一方了。但是这里的学风不正，学生接受教育的极少，而且收的学费极高，如果打算去县学上学，必须先给当地官员送一些钱财，不行此礼，那么想要上学就比登天还难。为此，很多穷人家的孩子没有学上。海瑞上任之初，就对这里进行了彻底的改革，并制定了《教约》，严正校纪校规，广收学徒，杜绝贿赂者。

海瑞在南平县担任官职教育学生的时候，对学生呵护有加，对有困难的学生更是关注。他根据每个孩子的资质的不同一对一施教，严格要求，平等对待。南平县的学风经过海瑞的细心整顿，学堂也办得有声有色，家长们都喜欢把孩子送到这里来读书。在海瑞任职的这四年，海瑞为朝廷培养一批又一批人才，可以用桃李满芬芳来形容。

海瑞同样重视处置刑犯，断案时以公平公正为原则，不少冤假错案经过海瑞重新审判才得以沉冤，当地百姓对海瑞敬仰有加，尊称海瑞为"海青天"。

当时桐庐县发生了一起杀人案，徐继的妹妹，是戴五孙的结发之妻。戴五孙曾经在岳母的手里借过一些银两。之后，徐继曾几次要求戴五孙还钱，但都无济于事。一天，徐继将戴五孙堵在了门口，伸手就要银两，结果再一次被戴五孙拒绝了。这一次可把徐继惹毛了，一怒之下，竟用石块把戴五孙砸死了，之后又将尸体扔进了水中。这说来也巧，正好赶上这一天官员潘天麒在戴家住宿，便因此惹上了嫌疑。桐庐县审判的结果是戴五孙妻徐氏与潘天麒通奸不成，谋杀亲夫，故判徐氏、潘天麒死刑。之后，此案经过桐庐县、建德县、遂安县三知县会审之后，还是不能够明断，就成了一桩十年疑案。但是，自海瑞任职以来，再一次对这桩十年疑案进行了重审，经过海瑞的细心研究，考察探访，真相终于大白天下，徐氏、潘天麒的冤屈才沉冤昭雪。

海瑞之所以能被称之为丰碑，不仅因为他痛恨腐败，仗义执行，喜欢替天行道，更是当时逐渐没落的明朝的官场明灯。当时，严嵩集团被推下台，但是明世宗喜欢修炼丹药，希望可以长生不老，所以不理朝政，醉生梦死。

经过一番亲身的调查，海瑞洞悉了朝廷腐败的根源。嘉靖四十五年，海瑞为了明朝的繁荣与昌盛，写了一篇奏疏——《治安疏》，海瑞在疏中对皇帝严厉批评。他说："当今朝廷上下，为了满足皇上的虚荣心，大兴土木，建宫殿，劳民伤财。陛下的误举，简直就是在拿整个国家开玩笑啊，许多大臣对陛下更是阿谀奉承，一个个都是假惺惺。"海瑞不仅对皇帝进行了严词说教，还提出了不少可行措施，希望世宗能专心上朝。

统观全文，海瑞对皇帝是绝对效忠的。不过，封建专制制度下的皇帝，根本就没有这样的胸襟去倾听，海瑞确实是不怕死，为了苍生的利益，他直谏《治安疏》。果不出所料，世宗在听了《治安疏》之后，龙颜大怒，将疏文一扔，下令将海瑞打入了大牢。宦官黄锦佩服替海瑞求情，谎称海瑞本就是一个书呆子，在来之前，连棺材都买好了。过了几天，世宗想想还是生气，遂将海瑞处以死刑。

《治安疏》的后果，海瑞早已心知肚明，他在上谏以前，就拜托自己好朋友王宏诲为他办理好了后事，自备了棺材。海瑞被判死刑之后，迫于皇权的威严谁都不敢求情。何以尚就因为求情而被下狱，这下就更没有人敢提及此事了。首辅大臣徐阶也劝明世宗放了海瑞。虽然，皇上早已下旨将海瑞处死，但却一直未能执行，海瑞一直待在狱中。当时的锦衣卫对海瑞也是钦佩有加，所以能拖就拖。

嘉靖四十五年，世宗病死。几天后，海瑞被释放，又重新担任户部云南司主事，不久又改任兵部武库司主事。

隆庆三年，由于海瑞管理卓著，被提为右佥都御史，总管粮道。

海瑞上任后，这里常常大雨成灾，苏、松、常、杭、嘉、湖六府沿太湖的田地几乎都被淹了，房屋禁不住洪水肆虐被冲塌。海瑞从治水救灾着手。解除水患之后，海瑞进行逼乡官退田的政策。

海瑞将矛头直指徐阶，因为徐阶告老辞官的老家松江府，是海瑞的管辖之地。虽然徐阶为人耿直，但其子孙却浪荡无为欺行霸市，百姓的状子堆积如山。迫于徐阶的声望，原任官员对这些事只是睁一只眼闭一只眼。

最初，海瑞也左右为难。徐阶对他有救命之恩。面对徐家人的胡作非为，他不能够坐以待毙，还是把百姓利益放在心中。他亲自登门，将来龙去脉都告诉了徐阶，并告诉了他怎么办。因为徐阶长年在京城做官，所以对家中之事知之甚少。听海瑞这么一说，即刻命人将不法田地退回原主，又亲自将罪人捆绑到官府。

徐阶请罪退佃的事传出后。海瑞在百姓心中的地位更高了，百姓称之为"海青天"。五个月之后，穆宗又改任海瑞为督应天粮储。

后来，由于他得罪了张居正，便赋闲在家 13 年。在这段时间，海瑞过着捉襟见肘的生活，妻儿因病离世，仅有一个仆人相伴左右。

万历十年，张居正病亡。海瑞才有机会可以重见天日。三年后，海瑞被封为应天都察院右佥都御史，后又改为吏部右侍郎。

海瑞虽逾古稀但壮志在胸。由于年迈的海瑞一病不起。天不遂人意，海瑞的病情每况愈下。

万历十五年，海瑞告别了他操劳了一生的大明王朝，享年74岁。

送葬那天，省里把朝廷的诏谕宣读给百姓：谥海瑞"忠介"，赠"太子少保"。之后，出殡的队伍陆续走出了应天府。因海瑞深受百姓爱戴，应天市民为了让他安静地走，纷纷关闭摊市。为了悼念他，每家门前都摆着佳肴来祭奠这位经历了正德、嘉靖、隆庆、万历这四朝的清官。

局势分析

海瑞为官清正廉明，公平刚正，深受百姓拥戴。但在官场上得罪的人也不少。他在南京担任礼部尚书的时候，百姓就把他的画像当做门神。还有传闻人们在听到他去世的消息后都如同失去了自己的亲人一样，非常悲痛。他的灵柩运回故乡经过长江，江的两岸都是给他送行的人。还有百姓将他的遗像放在家里。民间有很多关于他的传说。后来文人整理资料，还将海瑞的故事编著成为著名的小说《海公大红袍》和《海公小红袍》，有的还被编成了戏剧，有《海瑞》、《海瑞罢官》、《海瑞上疏》等。宋朝有包拯，明朝有海瑞。他们都是历史上最刚正不阿，心系黎民百姓的好官，他们的事迹被人们铭记于心。

说点局外事

海瑞是刚毅、清廉、耿直的象征。他一生与贪官作斗争、厉行节俭。任职期间，分配田地，推行新的赋税政策，等等，这些都在一定程度上促进了生产的发展。海瑞无愧于"青天"之称号。他所做的事至今仍为人们津津乐道，实事求是，敢作敢为的精神在当代也仍有借鉴意义。

误国乱政的奸臣严嵩

每个朝代都会出现宦官弄朝，奸臣乱政，明朝虽然也有许多忠臣良将，但是也不乏奸臣，严嵩就是一位，当奸臣也得分道行，他的道行在历史上可算是赫赫有名了。

严嵩（公元 1480 年—公元 1567 年），1480 年生人，是明朝时期重要的大臣，专权国政有 20 年之久。严嵩于成化十六年（公元 1480 年）在江西袁州府分宜县（今江西新余市分宜县）出生，家境贫寒。他从小就非常聪明，还善于作对。弘治十一年（公元 1498 年），严嵩参加乡试并中举，那时的他年仅 18 岁。弘治十八年（公元 1505 年）参加会试并考中二甲进士，被选为庶吉士入翰林院就读。

但就在他仕途刚刚起步之时，一个生来就无从改变的地域问题竟成了他的绊脚石。正德二年（公元 1507 年），严嵩授翰林院编修。不久，因丁忧回籍守制。刘瑾擅权后受焦芳的挑唆，朝廷排斥南方士大夫，并明确提出"毋得滥用江西人"。这导致严嵩丁忧期满后没有回朝，而是隐居于其家乡钤山之麓建钤山堂读书八载。在这八年中，严嵩并没有因此变得消沉，反而过着悠闲的田园生活，还经常作诗，在这段时期他还著作了《钤山堂集》，并著作了《正德袁州府志》，其诗文峻洁，声名愈著。

奸臣曾经也是个贤德忠良的好臣子，他也曾心系百姓，忧国忧民，还敢于批评君王的弊端。

正德十一年（公元 1516 年），严嵩复官回朝。回朝后严嵩批评了武宗宠信权宦、沉迷享乐、大肆修造宫殿给人民带来的沉重负担。正德十六年（公元 1521 年），世宗朱厚熜即位后不久，严嵩被提升为南京翰林院侍读，署掌院事。

嘉靖四年（公元 1525 年），严嵩升国子监祭酒，从南京迁回北平。当时由于"大礼议"一案，许多地位较低的官僚借机升迁，而当时在翰林院任职的严嵩并没有像大多数翰林官那样坚决拥护杨廷和等人的主张。

嘉靖七年（公元 1528 年），严嵩受世宗派遣前往湖广安陆（今湖北钟祥）监立显陵碑石。回来后，严嵩上呈两道奏折。一道叙述了途中所见祥瑞，另一道则讲述了河南灾区的情况，因为进献符瑞，是世宗所乐于接受的，而救灾安民，也是世宗当时所关心的，所以两篇奏折均受到嘉奖。这让世宗非常欣赏严嵩，不久便提拔他为吏部左侍郎。

嘉靖十一年（公元 1532 年），严嵩被提拔为南京礼部尚书，又于两年后任南京吏部尚书。

严嵩的仕途之路走得还算平坦，短短几年之间就能步步高升。嘉靖十五年（公元 1536 年），严嵩赴京朝觐时，因受到内阁首辅夏言的推荐，世宗将其任为礼部尚书兼翰林院学士。夏言与严嵩是老乡，又有师生之谊。但夏言仗着比严嵩早发达，又有引荐之恩，傲慢无礼地对待严嵩，只把他看作门客，从此两人关系迅速恶化。与此同时由于世宗对"礼仪"一案的重视，便渐渐频繁地和严嵩接触。

渐渐地，这位节节高升的大臣逐渐在政治官场上学会了圆滑，以他的聪明才智更善于讨好皇帝，他开始尽力博得世宗的欢心，因为看不惯夏言的嚣张气焰，于是他找机会将夏言这个绊脚石除之而后快。

嘉靖十七年（公元 1538 年），有人上疏奏请献皇帝庙号称宗，以入太庙。包括严嵩在内的许多大臣都想加阻止。世宗非常生气，著《明堂或问》严厉地质问群臣。严嵩见风使舵，改口"条划礼仪甚备"。通过这件事严嵩学会了如何以勤勉温顺博得了世宗的好感。但同时，夏言因坚持拒服道冠法服等事让世宗感到非常不满。这就达到了严嵩的目的，于是他借这个机会在世宗面前说夏言的坏话，以除去夏言。

除去了竞争对手，心里自然是畅快无比，但这时候的严嵩和夏言没什么两样，逐渐受到世宗的宠信使他越来越忘乎所以。可以说人一旦权力越来越大，难免会迷失自己，想要得到的东西会越来越多，也更加难以收手。

嘉靖二十一年（公元 1542 年），夏言被革职，而严嵩则以礼部尚书兼武英殿大学士的身份进入内阁参与朝政，同时仍掌礼部事务，并且被加封少保、太子太保的头衔。第二年，吏部尚书许赞、礼部尚书张璧两人也进入内阁同严嵩一起参与机务。但世宗只与严嵩商讨大事，导致严嵩完全不把许、张二人放在眼里，凡事独断专行。

嘉靖二十三年（公元 1544 年），严嵩取代了因事被削籍的翟銮成为首辅，并被加封太子太傅兼吏部尚书、谨身殿大学士、少傅、太子太师、少师，获得了文臣所能获得的最高荣誉地位。

这下他该满足了吧，但接下来所发生的是他难以预料的，但是严嵩这次换了一种高尚的手段。

嘉靖二十四年（公元1545年）十二月，许赞因病离职，张璧又死，夏言又重新被世宗朱厚熜起用入阁。夏言入阁后，一如既往任首辅一职，与严嵩受到的待遇大相径庭。虽然严嵩心中非常不甘，却表现得对夏言十分谦恭。严嵩用谦恭打败夏言，又用谦恭维持了世宗对他长期的恩宠。

严嵩也许是想以另一种方式和夏言对立，也或者是想要在群臣面前展示自己说服世宗的本领，他开始善于揣度世宗的心理，他还抓住世宗痴迷道教，信奉迷信的这一点，让世宗改变立场。

嘉靖二十五年（公元1546年），曾铣作为总督陕西三边军务，提出收复被蒙古鞑靼部占领的土地肥美，灌溉便利，适宜农桑，具有重大军事意义的河套地区的计划受到夏言的支持。本来世宗是赞同这个提议的，还严加训饬了持反对意见的官僚。但是，严嵩利用世宗朱厚熜害怕蒙古鞑靼军的心理，背地里说这个计划是"好大喜功""穷兵黩武"。恰逢内宫失火，皇后不慎葬身火海。严嵩瞄准时机说道："这灾难就是老天为了严惩这个计划。"世宗朱厚熜竟然对此信以为真，提出一系列质疑，并改变对这件事的立场。

嘉靖二十七年（公元1548年），夏言被世宗革职。严嵩又利用掌管锦衣卫的都督陆炳、总兵官仇鸾与夏言、曾铣两人的矛盾，诬陷夏言、曾铣两人交结为奸，害死两人。这样一来，他的首辅之位就非他莫属了。严嵩在夏言死后，如愿以偿成了首辅，独自掌管了整个内阁。严嵩一边排斥异己，一边极力培植死党，还在机要部门安插了亲信，以巩固自己的权利。

严嵩之所以没有在当时被革职查办，都是因为他善于揣摩世宗的心思。除掉了夏言他就又打赢了一场战役，搬倒了一个时时与他作对的人。但他还是不满足，后来变得更加肆无忌惮，结党营私，走上了这条路就很难再回头。

严嵩周围聚集了一批恶官，许多人都依仗着他，相传他有三十多个干儿子。严嵩任命其义子赵文华任通政使，以控制负责呈送奏章的通政司，所有上呈的奏折必先经严嵩阅看，然后才上奏。这样一来，严嵩就更能为所欲为，弹劾他的奏折也能被他压下来，以免惊动世宗。

严嵩利用自己的权利之便，贪污纳贿，无恶不作。严嵩擅权专政期间，每天都有许多人到他家行贿。而且，严嵩父子在各地都有无数侵占的豪宅、良田。

许多官吏凭借对严嵩的拥护以保官升职，其中不乏戍守边疆的将士，把驻边军粮大半贿赂了严嵩，以致军士饥疲，边防大坏，无力抵御蒙古鞑靼部军队的骚扰，造成了北方鞑靼和东南倭寇对明朝的严重威胁。甚至鞑靼部俺答汗率军于嘉靖二十九年（公元1550年）直接攻到京城郊区，对京城造成巨大威胁。

严嵩的行为越来越猖狂，无恶不作，许多正直的官员对严嵩父子这种行径感到非常愤慨，纷纷上书揭露其罪恶嘴脸。

嘉靖三十年（公元1551年），锦衣卫沈练明确说道：之所以鞑靼部俺答汗能攻到京郊如入无人之境，都是因为严嵩。沈练还直言不讳指出严嵩无数重罪，并恳请皇上诛杀奸臣严嵩。

嘉靖三十一年（公元1552年），世宗逐渐开始冷落严嵩，曾四次在大臣入值时，不曾被宣召，并且当他试图随同其他阁臣进入西苑时，也遭到卫兵的阻拦。

这时候的严嵩终于尝到了被皇帝冷落的滋味，朝野上下无人以礼相待。可以说，奸臣严嵩此时的处境即将面临一个严肃的审判，众臣的上书确实让世宗转变了对严嵩的看法，但严嵩既然敢做这些十恶不赦的大罪，也有本事和这些弹劾他的大臣打太极。

嘉靖三十二年（公元1553年），兵部员外郎把严嵩的罪行主要归纳为十大罪、五大奸，并进行了全面的揭发。不曾想，严嵩利用世宗朱厚熜拒谏护短的毛病，混淆是非，颠倒黑白，不仅使自己毫发无损，而且还对那些忠臣们进行了严酷的迫害和打击。其中最倒霉的就是沈练，不光被廷杖、贬谪，最后又被冠以罪名遭到杀身之祸。而杨继盛也被世宗朱厚熜以诬陷大臣罪廷杖一百下狱，严嵩变本加厉地无中生有把杨继盛牵扯另一案中处以死刑。

嘉靖四十一年（公元1562年），严嵩的夫人去世，作为他得力助手的严世蕃，因为要回家守孝，无法再打理朝政。世宗也因为82岁高龄的严嵩在接到诏书时往往不知所云，所以日益宠信徐阶，这时候在世宗心目中，严嵩的地位也逐渐下降。有一天世宗问"谁是小人"，蓝道行答说："贤如徐阶、杨博，不肖如嵩。"被善于投机的御史邹应龙恰巧知道了这事，于是就上书攻击严嵩、严世蕃父子。同年五月，严嵩被革职，严世蕃下狱，由徐阶担任内阁首辅。

误国乱政的严嵩到老才受到惩罚，然而他做过的恶该受到的惩罚远远不只革职这么简单，可见世宗曾经确实非常宠信他，也由于严嵩年事已高，便将其革职作罢。

严嵩回到江西老家后，尽管他曾为家乡父老做过一些好事，但晚年景象也十分凄凉。

局势分析

严嵩是明朝嘉靖年间的一个重要权臣，是历史上著名的奸臣之一。他向嘉靖帝谄媚而受到宠信，从而步步高升，任武英殿大学士，后来将内阁首辅夏言诬陷谋害而死，从此取代夏言的职务，成为了朝野中权倾一时无恶不作的大奸臣。

他以权谋私，在此期间还利用权力重用亲信，一一将异己铲除，贪污受贿行为严重，他掌权时期，使得百姓民不聊生，国库财产亏空，政治逐渐腐败，国力也逐渐减弱。

贪污受贿还不够，严嵩还四处抢夺良家宅院，范围从北京、延伸到了南京和扬州等地。严嵩的老家在江西，他的田产面积相当于好几个郡的占地。

后来严嵩被世宗抄家，没收了家产3万余两，白银多达200万余两，甲第6600余栋、别宅57所、田塘面积27300余亩，另外还有上千的珠宝玩件。

有人说明朝毁于嘉靖时期，严嵩脱不了干系。

俗话说："天下没有不散的筵席。"严嵩在嘉靖这场宴席中也饱餐了几十年有余，最后终于被逐出局，这也是他应有的下场吧！虽然严嵩并没有被世宗依法处置，仅仅是被勒令革职，但人活一世终有报，善有善报，恶有恶报。严嵩的晚年凄凉，这就算是对他这个奸臣的惩罚。

说点局外事

齐如山曾在一本书里面写道，在清代京城合纵有顺天府乡试的贡院，当时顺天府乡试叫"北闱"，是天下最重要的乡试，因此皇帝非常重视，主考官也都是在尚书衔精挑细选出来的。在这个贡院的大殿上挂着一块匾额，上面写着"至公堂"三个大字，是严嵩亲笔题写的。在这样一个严肃且为朝廷选拔俊才的重要场所，大殿前匾额上的题字竟然是大奸臣严嵩所写，这难免会让人觉得有些不舒服。

乾隆也感觉到了，他想要从朝中善于书法的大臣中挑选出写这三个字最好的来并悬挂此处，他自己也喜欢舞文弄墨，也曾书写过很多匾额，但是后来发现自己写的和大臣们所写的都比不上严嵩，于是只好就这样算了，严嵩的题字依然悬挂在大殿之上。

壬寅宫变

在我们心中，或许监狱是防备最为森严的所在，但其实在古代，皇宫的排布与防卫要远远高于监狱。偌大的皇宫中，有无数守卫日夜巡逻防范，这一制度从春秋战国时期一直延续至封建社会结束。明朝自然也不能免俗，怕死的内宫诸人同样受着各种严密的保护。

明朝皇帝居住在乾清宫，这里只有皇帝和皇后可以居住，其他妃嫔也不能在这里居住，除非得到皇帝的应允，没有得到应允当晚就必须离开。

嘉靖时期，乾清宫建在暖阁的后面，共有9间屋子，每间都有楼梯想通，各分为上下层。共有27张床，皇帝可以从中任意挑选一间。但是皇帝究竟挑选了哪一间，没有人知道。皇帝的人身安全是有保证了，但是防不胜防，他身边的宫女谁又能猜得到呢？

戒备森严的乾清宫，谁也想象不到几个宫女胆敢谋害皇上，但就是她们干出了这场惊天动地的事，这件事发生在嘉靖壬寅年（嘉靖二十一年，公元1542年），因此在历史上被称为"壬寅宫变"。这场宫女起义在历史上是很罕见的。

当时由于嘉靖皇帝朱厚熜痴迷道教，为求长生不老，命方士炼丹。因此大量征召十三至十四岁的宫女，作为他炼制丹药提供原料。此外，他还下令不让这些宫女进食，为了保持原材料的洁净，只允许她们吃桑、饮露。宫女们被折磨得身无人形，最终下此决定。

史料上记载：嘉靖二十一年十月二十一日凌晨，十多个宫女想借朱厚熜熟睡之际用绳子将其勒死。十几个人事先做好了分工，以免事发时手忙脚乱。首先是杨玉香把绳子递给了苏川药，这条粗绳很结实，苏川药再把绳套递给了杨金英。邢翠莲将黄绫抹布递给了姚淑皋，姚淑皋将布蒙在朱厚熜的脸上，用力揞着他的脖子，邢翠莲配合着按住朱厚熜的前胸，使其无法起身。王槐香也按住他的上身，苏川药和关梅秀分别按住朱厚熜的左右手，刘妙莲和陈菊花分别用力按住他的两条腿，使其无法挣脱。等杨金英将绳套套在朱厚熜的脖子上，姚淑皋就和关梅秀一起拉动绳子，眼看很快就要得手，没想到杨金英于脚颤抖，绳套竟然被她打了死结，这才给朱厚熜留了条活路。

张金莲见事不成，为了自保，立刻跑去向方皇后报告，方皇后迅速赶到救驾，竟也被姚淑皋重重打了一拳。王秀兰和陈菊花担心被认清，于是立即将灯吹灭，总牌陈芙蓉又将灯点燃，徐秋花和郑金香又把灯熄灭，陈芙蓉将管事的叫来，这才将十几名宫女擒住。

朱厚熜命大，没有被宫女勒死，但这件事对他的惊吓可不小，因为这件事，他昏迷了好几天才清醒过来。

为了逼问出真相，司礼监对这群宫女进行严刑拷打，直到她们供出事实真相。但供招都和杨金英所说一致。最后为杨金英等人定罪为"同谋弑逆"罪处置，张金莲和徐秋花把灯熄灭，也算是参与的一员，一并被治罪。

司礼监的题本中有记载，朱厚熜后来亲自下旨："这群大逆不道的婢从，和曹氏、王氏一同合谋趁我睡着的时候杀我，她们的族属，凡事参与到这件事情当中的一一都查出来，让锦衣卫送去法司，一律处决，并没收他们的财产，收入国库。

陈芙蓉虽然也是逆婢，但是曾阻拦就不予追究。钦此。"刑部和衙门领命后立即执行。但从回奏中体现出当时回执的一系列情况："臣等遵照圣旨，随后将案犯捆绑赴市曹，按照大明法律当将其凌迟处死，并砍其尸首示众，并且将黄花绳黄绫抹布收入官库并封存。

随后将这群犯人的亲属捉拿归案，时机一到，一一处决。

局势分析

那么圣旨中提到了曹氏和王氏，他们都是谁呢？史学家考证得知，他们就是服侍嘉靖皇帝的宁嫔和端妃，对此，有人根据圣旨猜想，曹氏和王氏才是发动这场宫变的幕后黑手。

司礼监题本中记录有杨金英当时的口供："本月十九日的东梢间里面有王、曹侍长，将灯点亮的时候商量说'咱们赶快下手吧，不然就死在手里了'"（这个手字前面可能隐含一个'他'字，指的是朱厚熜，或者是故意避讳）。因此有人凭借这个记载断定这场宫廷政变是王氏和曹氏指使的。

但是有人却不这么认为，如果真的是王氏和曹氏操纵的，那么史料中就该对宁嫔王氏和端妃曹氏有所记载，但在上述行刑过程当中并没有描述对曹氏和王氏行刑的过程，因此猜测，主谋是谁暂且不能妄下决断。

明朝末期的史学家谈迁对这件案子的看法是"深闺燕闲，不过衔昭阳日影之怨"，但是真相是怎样的呢？没有人知道，因此这就使其成为了宫中的一桩悬案。

说点局外事

皇后下令让太监张佐将造反的宫人全部逮捕，并认定杨金英等宫人都是受王宁嫔的指使才对皇帝行刺的，曹端妃没有参与到这件事情中去，但是一定也知道内情，当时皇帝非常害怕，受到了惊吓，长时间内都不能开口说话，因此方皇后就借皇帝的名义将曹端妃、网宁嫔和杨金英等人在秘密地点处死。还下令诛杀他们的亲族。事实上曹端妃并不知道这其中的内情，但是跳进黄河也洗不清了。

在嘉靖二十六年的一个深夜，皇后的住处坤宁宫着了火，世宗心中怨恨皇后当年将他宠爱的曹端妃陷害而死，于是故意拖延时间不去救火，最后方皇后和上百名宫女都死在大火里。后人猜测，这场大火也许就是世宗偷偷叫

人放的，可能是想为方皇后谋害曹端妃报仇。

饱受质疑的君王

明朝时期从小就受皇帝宠爱的要数明武宗朱厚照了，他是朱佑樘唯一的皇子，当然被视为掌上明珠，然而皇子多了自然也会有不受皇帝宠爱的，就比如明穆宗朱载垕。

朱载垕（公元1537年—公元1572年），公元1537年生人，他是明世宗朱厚熜的第三个儿子，明朝历史上的第十二位皇帝。出生于紫禁城，他的生母杜康妃于嘉靖十年（公元1531年）被封为康嫔，嘉靖十五年（公元1536年）才晋封为康妃。由于自己非长子，而且母亲被陷害排挤失去皇帝信任，从小皇帝就没怎么关心过他。

信道教方士在世宗的时代很受宠幸，大明江山也因此江河日下，皇储之位没有合适的人选。朱载垕历尽重重考验与困苦之后，在29岁时终于登上了皇位，他上任时恰逢盛年，他虽然沉迷于酒足饭饱，美人佳肴，不过问政事，但由于朝堂之上贤人辈出，文有徐阶、张居正、高拱、杨博，武有谭纶、戚继光、李成梁，而且他对自己身边的大臣都很信任，让他们勇于进谏，各抒己见，因而这一时期不仅社会一直处于上升阶段，百姓安居乐业，而且为大明王朝即将踏入繁荣时期发挥了举足轻重的推进作用。

嘉靖十八年（公元1539年）二月，长子朱载基不幸早逝，世宗朱厚熜，依照皇位继承制度即太祖朱元璋确立的"有嫡立嫡，无嫡立长"，将次子朱载餐册立为太子，同一时间也把朱载垕封为裕王。册封当日，太监们疏忽大意把册封太子的圣旨交给了裕王朱载垕。也许冥冥之中自有天注定，这不是预示着朱载垕才是"真龙天子"吗？

到了嘉靖三十一年（公元1552年），皇太子朱载餐得病离世，年仅17岁。这样一来，朱载垕当上皇长子也是理所应当的事了。可是，皇位之争是残酷的，要想当上皇上，就要经历一段痛苦的争夺。

想要继承王位的确是一件困难事，虽然皇太子之位空悬，但子凭母贵的说法也是有的。朱载垕成了皇长子，但弟弟朱载圳的母亲深受皇帝宠爱，很有可能会被立为皇太子。此时嘉靖帝只字不提皇太子之位的事，却开始为两位皇子选妃，让他们先成家再立业。

在嘉靖二十一年（公元 1542 年），世宗朱厚熜经历了"壬寅官变"，不想参与宫廷的斗争，移置西苑。他在西苑中炼长生不老丹，修身养性，希望自己能够长活于世。由于前后痛失两位爱子，心中痛苦无人能解，便逐渐听信方士陶仲文的谶语，即"二龙不相见"。为此，他远离了亲生儿子，而且对册立皇太子的事情也搁置不议。

嘉靖三十一年（公元 1552 年）九月，作为父亲，考虑到儿子的终身大事，世宗传谕礼部，着手张罗皇三子（朱载垕）和皇四子（景王朱载圳）的婚姻大事。锦衣卫百户李铭之女李氏由于才貌双全，被选为裕王妃，暂住宫内。

嘉靖三十二年（公元 1553 年）二月，皇帝为刚满 16 岁的朱载垕迎娶了李氏，作为朱载垕的妻子，她被册封为裕王妃，与此同时，移居裕王邸，夫妻两个人开始了自己的生活。

嘉靖三十三年（公元 1554 年），朱载垕之母杜康妃因病离世，大臣们拟定把他母亲按太子的礼仪进行安葬，嘉靖闻知此事后却立即要求丧葬从简。一年之后，他的第一个儿子出生，即为裕王妃所生，当然也是嘉靖的第一个孙子。喜得龙子这本是一件普天同庆的大事，但是这个孩子是在裕王妃为母亲守孝期间怀上的，嘉靖勃然大怒。按照明朝制度，皇子皇孙在满月之时都要行剪发礼，但是这个出生两月的孩子至今尚未剪头发，当宫中有人提及此事时，嘉靖皇帝更是"怒而谴之"。

这件事之后，朱载垕更是小心翼翼行事，害怕惹怒了父亲，他知道一旦自己遭到厌恶就会离太子之位越来越远，更何况弟弟朱载圳因母亲受宠而风光于世，许多大臣们纷纷讨好景王，这些对他争夺太子之位来说都是不利的。

尽管朱载垕当储君是众望所归，但他因母亲失去皇上宠爱而遭冷遇，而他的弟弟景王朱载圳却因母亲受宠而有做皇太子的希望。从世宗对景王的偏爱中朝中大臣们领悟了个中秘密，为了谋一己之私权贵大臣纷纷对景王阿谀奉承，溜须拍马。因此，直到嘉靖三十九年（公元 1560 年）景王朱载圳才前往湖广德安（今湖北安陆）就藩。

尽管朱载垕承受了作为一个皇子从来没有过的经历，但是他也亲眼见识了世间炎凉。世宗让裕王府的老师如高拱、陈以勤、张居正、殷士儋等当时的名士教他，朱载垕从老师口中学到很多课本上没有的东西诸如严重的社会矛盾，尤其是严嵩专政，纲纪败坏，贪污受贿，"南倭北虏"之患，百姓苦不堪言，大明王朝岌岌可危。

嘉靖四十五年（公元 1566 年）十二月十四日，世宗朱厚熜薨世。朱载垕于十多天后登基，即是穆宗，改年号隆庆。登基之初便将世宗宠信的道士方士王今、刘文斌等人一并逮捕，打入大牢，秋后处斩。

扫清了紫禁城中的污秽之气，大明朝的空气都显得清新了许多，他还改吏治、施新法、释放忠臣，他还颁布了大开关禁，史称"隆庆开关"，海外贸易因此呈现出历史上少有的繁华景象。隆庆帝的做法使明朝恢复了生机。

隆庆元年（公元 1567 年），朱载垕在高拱、陈以勤、张居正等人的辅佐下，冤假错案进行平反，宣布"自正德十六年（公元 1521 年）以后，至嘉靖四十五年（公元 1566 年）十二月以前，谏言得罪诸臣"，"存者召用，没者恤录"。如海瑞，朱载垕非但没有追究他对世宗的大不敬之罪，反而将他释放了，官复原职，不久又把他提升为大理寺丞。为了革除迷信，朱载垕还降旨罢黜斋醮，撤除西苑内大高玄殿、国明阁、玉熙宫及诸亭台为斋醮所立之匾额。

当朱载垕即位的时候，他还继续任用徐阶担任内阁首辅，但是，他对徐阶因在草拟"遗诏"的环节中漏掉了高拱、郭朴等人的过失非常失望。而高拱作为裕王府的讲官，德高望重，对朱载垕恩重如山。朱载垕即位后想报答自己的老师，但由于高拱为人目中无人，又与徐阶发生矛盾，于是就借徐阶草拟的遗诏有"谤先帝"为借口而弹劾诽谤他。最后迫于舆论压力与百官的排挤，事情的结果竟是高拱被迫引疾归田。隆庆二年（公元 1568 年）七月，徐阶也被迫致仕。

隆庆三年（公元 1569 年）十二月，高拱被重新启用，于次年当上首辅，大明第一宰辅的张居正也在同一年正式入阁。张居正原来是徐阶的学生，因此在政见上与高拱不合，由此他们之间的明争暗斗一发不可收。高拱再起后把当时远近闻名的将领王崇古和谭纶推荐给朱载垕，朱载垕分别任命他们为宣大总督、蓟辽总督。而戚继光、李成梁都是谭纶的部下。朱载垕还任用曹帮辅为兵部侍郎，让他和大将军王陵都督宣府、大同，总管在西北边防持重兵把守。

虽然张居正和高拱意见不合，但是在关键时刻两人还是能够合作干点儿正事的。他们和俺答汗谈判并签订了同盟合约，使大明王朝的边境地区免于侵犯，战乱也因此减少了。

隆庆四年（公元1570年），因为家族内部原本因蒙古鞑靼部落首领俺答的孙子把汉那吉下决心投奔明朝，俺答发动军队向明朝执意讨人，宣府大同总督王崇古一直不肯出城迎战。见多识广的高拱和张居正经过精心策划，明朝决定以谈判方式解决，于是派出使者与俺答谈判，终达成和议，明朝把俺答封为顺义王，更是开创了在边境地区开展互市贸易的先例。和议的达成，北方汉、蒙人民有了可以安心地从事农业生产，汉蒙两族人民的交流就逐渐频繁了。

朱载坖革除浪费弊端，轻车简从，粗茶淡饭，百姓很是赞同这种做法，百官耳濡目染，也以身作则，节俭风气大为盛行，人民的负担也缓解了不少。

可以说，在隆庆年间能够有如此安逸平静的生活多半离不开朝中的贤明忠臣，他在位期间也没有什么大事发生，然而一旦没有事情可做，就会想些悠闲又不失情趣的事情。他所能想的就只有后宫的妃子这么多，该去宠幸谁呢？

朱载坖在其盛年即位，正是大展宏图的大好年龄，可是他和绝大多数的帝王别无两样，沉迷女色，对朝廷之事毫不过问，连上朝的回奏都是由大学士代答，对经筵之事漠不关心。早在隆庆三年时，大臣郑履淳就直言不讳的上奏说："陛下御极三祀矣，曾召问一大臣，面质一讲官，赏纳一谏士，以共画思患豫防之策乎？高亢暌孤，乾坤否隔，忠言重折槛之罚，儒臣虚纳牖之功，宫闱违脱珥之规，朝陛拂同舟之义。回奏蒙谴，补牍奚从？内批径出，封还何自？"这些话句句戳进了他的心窝，但朱载坖听了非但没有龙颜大怒，而且也没有给予罢官处置，因此，朝臣们都敢于上奏进谏。他用人不疑，重用了徐阶、张居正、高拱、杨博等人，还实施"正士习、纠官邪、安民生、足国用"等新政，给明朝带来了希望。

在整治吏治方面，朱载坖对官吏经过严格审核之后才任用，即使很平常的王府官员也要审慎的考察。对于两袖清风一心为民的官员给予奖赏和晋升，对于贪官则下狱充军。在蠲免救济方面，朱载垕为缓解百姓灾后流离失所无家可归的惨状，减少土地兼并，颁布了勋戚宗室依次递减的政策法令，同时也在进行清查诡寄、钱粮划分和皇室勋戚田庄。

隆庆六年（公元1572年）四月二十五日，朱载垕因长期过着花天酒地的生活过度饮酒作乐而毁了自己的身体。自知时日无多的他急召高拱、张居正及高仪三人入宫，授予官职为顾命大臣，作为年仅9岁的太子朱翊钧的左臂左膀右臂，忠心辅政。次日，载垕于乾清宫驾崩，时年36岁。陵寝安置于昭陵，庙号穆宗。

局势分析

隆庆时期，国内没有发生什么重大事件，踏踏实实做了六年的皇帝。这和他的性情有很大的关系，在他还做皇子的时候做事就很谨慎，为人也比较低调，天生安静仁义。加上隆庆时期人才辈出，文官有徐阶、张居正、高拱、杨博，武将有谭纶、戚继光、俞大猷、李成梁等。他们能够成为名臣名将还得感谢隆庆给了他们发挥个人优势的机会和空间。

回过头来看历史，成化时期也不缺少人才，但是皇帝却处处限制，没有给他们一个展示自己的平台，最终也没有在历史上写下光辉灿烂的一笔。朱载垕在用人上有一个特点，就是用人不疑，疑人不用。让臣子们尽力发挥自己的能力，因此隆庆到万历前十年被称为是明朝国运中兴阶段，社会发展稳定，经济也相比嘉靖时期有了很大的改善。朱载垕掌权时期是明朝最后一个兴盛发展的时期，是一个历史过渡阶段。

说点局外事

隆庆元年被称为"隆庆开关"，隆庆帝封锁海上贸易，对海外贸易做了政策上的调整，百姓可以私自贩卖东西，史称"隆庆开关"。百姓的私人海外贸易获得了合法权益，东南沿海地区的海外贸易也迈进了新的阶段。从公元1572年"隆庆开关"到1644年明朝覆灭，在这七十多年的时间里，从世界生产的白银中有三分之一都流入了中国，约 3.53 亿两，全球和中国的贸易占当时的三分之二，和资本主义社会只差一步。

万历帝亲政

在太后和大臣很长一段时间的辅政，万历帝终于能够独揽大权，成为了一为拥有实权的皇帝。万历帝（公元 1563 年—公元 1620 年），1563 年生人，他是明朝第十三位皇帝，明穆宗的第三位皇子。

在掌权之后，万历帝很想有所作为，也希望能够在朝野做出表率，一展帝王威严。他英姿飒爽但又好大喜功，他想要成为臣子和百姓心中的贤德明君。但毕竟皇太后和张居正对他严格教育了十多年，对于独立的他来说还是受到了一些影响的。他担心腐败的官僚会给朝廷造成不利的风气，于是就亲笔下了一道诏书，禁止官员之间相互馈赠。他比较看重礼仪，早朝对经筵也有很高的要求。举行的任何典礼他都非常重视，能够看出他在用心表达自己的诚意；还鼓励那些勤俭踏实的臣民。

万历十三年（公元 1585 年），发生了一场大旱灾，为此万历帝办了一场求雨的礼仪，他希望能够通过这次祈雨缓解旱灾，天气干燥酷热，他一步步走向天坛进行祭天大礼，为百姓祈雨，也让在京的臣民们一睹帝王龙颜。在短短几年时间，万历帝就祭祀了四次祖陵，长途跋涉不辞辛苦。当时许多百姓都很尊敬万历帝，对他也有很高的期望。

张居正去世后，他对朝廷中的文官做了很大的调整，新的内阁即将诞生。首辅申行时是新内阁的领头人，他和张居正共事，也知道张居正之所以会有如此下场的真正原因。因此在朝为官，他只求无过，不求有功。他不仅要得到皇帝的信任，还要避免张居正那样刚正不阿的行事风格，始终充当一个老好人，在自己的能力范围之内维护文官之间的关系，包括协调朝廷上的各种复杂局面。在他眼里，朝廷有朝廷的制度，是不能随着什么事情的发展而做出改变的，因此也只能处理好君臣之间的关系，维护好文官之间的和谐关系，同在朝廷为官，希望在朝廷局面和官员之间的关系的维护下能够对朝政有利。

在这样的政治制度之下，万历帝亲政后的这段时期，朝廷中确实在维护下出现了中兴的局面。万历帝和许多大臣都认为，没有张居正，朝廷一样可以出现这样令人欣喜的气象。张居正不在，明朝依然能够得到很好的发展，一想到这里，大家都由衷地感叹，甚至还有人庆幸："倒张"是做得最对的一件事！

但出乎大家意料的是，这样的局面并没有一直保持下去。

万历帝是第一个觉得别扭的人。在他将张居正抄家之后，他就开始觉察到，张居正的倒台绝不是没有原因的。许多人都是为了私人恩怨而展开报复行动，投身于"倒张"这个谋划中，还有人是在自己名利的基础上，因此动机也不会那么有针对性。但有一些臣子虽然藏有很重的私心，但事实上并不是最让人害怕的。让他害怕的是那些态度强硬意志坚决，顽固不化又让人觉得始终存在于道德和礼教中参与到"倒张行动"中的这类文官。

他们非常相信自己所坚持的正统道德和严格的礼仪才是救国救民最有效的途径。在他们眼里，国家出现危机，或者在政治制度上出现的疏漏都是因为没有很好地将他们坚信的合理运用到位。所以他们排斥那些不在他们所认为的道德理念上的行为。

他们总是用审视的目光监督着彼此，发现有一个做出他们认为异样的举动就会联合起来攻击他，有一种狂热的道德热情，这种无畏的为道德牺牲的精神真是让人毛骨悚然。

这些官员不仅仅想要将张居正扳倒，接下来就是掌权没多久的万历帝和内阁大臣申行时了。万历帝深刻地感觉到这批文官在传统道德上和顽固不化的程度不断加深，还力图把自己引领到他们所认为的最理想的贤明君主的道路中去。万历帝知道自己虽贵为皇帝，但他不能遵循自己的想法和意愿去决定一些事情，他感到不自由，更不用说还能做一个有自己个性的皇帝。更让他气愤的是，一旦自己稍微做出一些有违正统道德的事，就会迎来他们的轮番攻击。这种君臣关系让万历帝很不自在，无形之中总是被束缚，这并不是一个九五之尊的皇帝该承受的。

万历帝常常有些好的想法，却还未付诸实行就被大臣们一一否决了。他曾经想要亲自训练大明的军队，提高将士们的作战水平，还能提高军队的士气，但是大臣们一听到万历帝有这个想法，都觉得这并不符合老祖宗定下的制度，于是纷纷劝阻他最好不要有这样的想法。他好几次都想要去看一看自己的陵墓修建得如何，但是大臣们又觉得这样做太招摇，口上说担心万历帝的安全，万历帝的行为再次被阻止。这样的事情时有发生，万历帝越发觉得被束缚的皇帝和傀儡皇帝没有什么区别。

公元 1620 年七月，明神宗朱翊钧驾崩，立朱常洛为太子。去世后被葬在了十三陵的定陵。

局势分析

万历帝在群臣的这种压力下决定不上朝，实行"静摄"。因此许多人都会觉得万历帝是个非常懒惰的皇帝，避于群臣的压力就不上早朝，不批改奏章，也不任用官吏，因此历史上都称之为"万历怠政"。但是经过考察后，这种说法实在太主观了。

假设万历帝怠政，不免有一个疑问，万历年间出现的"三大征"又是怎样获得胜利的？

这"三大征"指的是平定宁夏蒙古哱拜之乱、播州土司之乱和抗倭援朝战争。这三场战争在明朝历史上都是规模较大的，在这三场战争中也经历过许多困难的，战争持续了很长时间，但最终还是获得了胜利。

君主政体之下，万历帝凭借自己的睿智和谋略，运筹帷幄，这三场战争才能取得胜利。可以说，万历帝在这几场战争中功勋卓著。但是人们往往会在这几大战争中不对万历帝做评价，作战这样的大事，怎么能和一国之君没有关系？

人们都觉得万历帝多年不上朝，不处理政务，但是事实并非如此。虽然万历帝不上朝，但大臣们呈上来的奏章他都仔细看过之后一一批改的。这几大战争的胜利就是在此期间获得胜利的。

说点局外事

对万历帝影响最大的人要属慈圣皇太后了，因为她给了万历帝真正的母爱。但在万历帝即位后，皇家的习俗拉开了万历帝和太后之间的距离，对他们母子的交流产生了障碍。比如万历帝曾经让人修尊慈圣居住的宫殿，修好后，她并没有像以前一样用非常亲和的口吻对万历帝说，而是让学士写篇文章，文章中表达的是对万历帝孝顺的赞赏，他下跪的时候一句句诵读出来。因为这篇文章对全国的臣民都发挥了表率作用，后来就被珍藏起来，当做明朝的重要文献。有时候万历就安排戏班上演一场傀儡戏来讨太后开心，每当慈圣下轿的时候，万历必须在轿子前下跪接驾。在万历心里，慈圣是他最尊敬的母亲，这种情感是任何东西都无法脱离的。许多年之后，万历帝怠政，上朝的时候越来越少，但是他始终记着慈圣的生日，每到这一天他都亲自去皇极门接受文武百官的朝贺。

良相无良果

张居正入学很早，五岁的时候就被父母送进了学校。他很聪明，10岁的时候就能够将"六经"背得滚瓜烂熟，乡里的人无不称赞他。到了13岁时，张居正就有资格参加乡试，当时他在答卷上作了一首诗："绿遍潇湘外，疏林玉露寒。凤毛丛劲节，直上劲头竿。"这首诗不仅讲究韵律，而且前后对称。

从这首诗中可以看出张居正用竹子自喻自己远大的志向，并向世人展示了他的雄心壮志和杰出的才华。当时在荆州担任巡抚的顾磷也是当时赫赫有名的才华之人，看到了张居正的诗便由衷赞叹，觉得他不是一个平凡的人，并且决定亲自培养张居正。于是他并没有给张居正一个公道的成绩，而是让他名落孙山，以此激发他的潜能。顾磷很欣赏张居正的才华，认为他今后一定是一个了不起的人物。还把自己的束带送给了张居正说："这条束带送给你当做纪念吧！以后你们能够系上更好的玉带，会更有出息的。"

嘉靖十九年（公元1540年），年仅十六岁的张居正第二次参加了乡试，这一次他高中了举人。顾磷听闻这个消息之后非常高兴，对张居正说："你有远大的志向很让人佩服，但是你要严格要求自己，树立像颜渊、伊尹这样的人为榜样，不要因为拥有功名利禄就贪图享乐，千万不能只是徒有虚名。"时光流逝，转眼七年过去了。在刻苦的学习之后，张居正进京参加了会试，是金子就会发光的，这次他中了进士，被翰林院授予了庶吉士官职，从那以后，张居正开始走上了他的仕途之路。

庶吉士并不是一个做实际工作的官职，然而当时内阁大学士之间的斗争也趋于紧张，尤其是夏言和严嵩等人。为了能够在朝政获得首辅地位，他无视国家的利益，更不顾国家安危，将收复河套这件事嫁祸给夏言，在严嵩的陷害之下，夏言被抓捕送进了大牢，后来被残酷的刑事迫害致死。夏言死后，内阁大学士中再没有人谏言抗击蒙古了。张居正目睹着政治场上的激烈纷争，将朝廷的腐败看在眼里，于是他下定决心要对腐败的朝政实施革新，他的心中时刻都不忘国家道义，想要为国家做点实事，立志拯救这个国家。但是官场如战场，人心险恶，想要为国效力也要小心翼翼，时刻学会保护好自己，因此一定要学会察言观色、伺机而动。

嘉靖二十八年（公元1549年），张居正被提升为翰林院编修，这个官职只做一些诰敕起草、史书纂修之类的事务，想要拯救国家，这个官职真是让人心有余力不足啊！他不想在这样的官位上浪费时间，也不愿和其他人交往，一心研究朝章和国典，对当前的政治进行详细的剖析，寻找救国救民的道路。

隆庆元年（公元1567年），张居正被提拔担任吏部左侍郎兼东阁大学士，这个官职能够参与朝中的政事要务，从这以后，张居正终于能够竭尽自己所能发光发热，很快他就完成了著作《上陈六事疏》，在朝中也渐渐树立起了一定的威望。

从这以后，张居正一心一意做好内阁中的各项事务，为实现自己的远大抱负不辞辛苦。没过多长时间，穆宗就去世了。十岁的太子朱翊钧继位，年号改为万历。此时冯保当上了掌印太监兼提督东厂，冯保把宫内和宫外的大权都掌握在自己手里，没过多久，就把他的死对头高拱踢下了台。在这段时期，张居正始终受到重用，后来高仪也去世了，只有张居正还在文渊阁任职，首辅的重任落到了他一个人的肩上，转眼之际，他成了万众瞩目的大人物。

当时明神宗万历帝朱翊钧年纪尚小，因此对于小皇帝的成长和教育问题就成了张居正义这个内阁首辅义不容辞的责任。他认为能够培养一个贤明的国君是一件对国家和百姓都有利的事，为了明朝的江山社稷，也为了能够让国家富足，百姓安居乐业，他担负起了教育小皇帝的重任。

从此他负责每天安排小皇帝的功课，还亲自给神宗讲经诵史。他还把上朝的时间改为每个月的三、六、九日，其余的时间都用于神宗攻经读史；还请李太后住到了乾清宫，和神宗一起方便照顾他的起居生活。

张居正一边辅佐皇帝，一边为国家社稷和黎民百姓担忧，他想要竭尽所能报效国家，并且实现长治久安的境地。他任用了一些文武双全的将才，其中有谭纶、戚继光、李成梁、王崇古、方逢时等人，张居正很信任他们，因而他们也竭尽所能地为张居正效力，在张居正的领导下，他们才能充分发挥自身的才能。

在那个时候，蓟州是北方重要的防守之地，御倭名将谭纶、戚继光负责蓟州的防御事务，张居正对防守战略进行了设计，这对心理上和行为上都具有鼓励作用。在戚继光上任后主张对蓟州的军制上做一些改革，他的想法得到张居正的支持和赞同。在短短的几年之间，对防区进行了整顿，并对新兵进行了强化性的训练，一切都在有序地进行着，他在军事上具有的杰出的指挥才能，此刻也发挥到了极致。

戚继光恪尽职守，警惕性极强，随时都在备战，在他负责镇守蓟州的那段时间，蒙古部落从未涉足侵犯，并且在整顿军制的过程中，也拉近了张居正和戚继光两人之间的关系。

再看辽东，张居正任用李成梁在此镇守。从隆庆元年（公元 1567 年）开始，在李成梁的镇守下，辽东地区的蒙古人就被李成梁的军队打得溃不成军，他为大明朝的江山稳定立下了汗马功劳，后来被任命总兵在辽东镇守。辽东作为李成梁的镇守之地，先后经历了十次大范围浩劫，而这里也成为了李成梁的第二故乡，他在这里一镇守就是 22 年。

张居正任用王崇古镇守宣化和大同，他们让将士们修建防守的边墙，平时就把田地围起来训练军队，在他的操练下，防御的力量和军队的战斗力在不断加强。

在张居正的主持下，在他任用的将领经过多年的镇守之后，随着军队力量的不断增强，明朝的边境在很长一段时间之内免遭蒙古族的入侵。在防御力量上，张居正经常训练军队的作战防御能力，除此之外，他想要找到解决蒙古人和汉人之间关系的办法，他叮嘱在边疆驻守的将领，要善于抓住时机，适当做出决定，不能贸然行动，希望蒙古和汉人之间的关系能够得到改善。

当时的大明王朝已经变得一塌糊涂，在张居正的整顿之下，又恢复了生机。整体局势稳定，张居正又把目光投向了税收。他制定了"一条鞭法"并付诸实践，他的这个改革在税收上解决了根本性的问题。张居正觉得，国家在经济上采取"一条鞭法"的税制改革措施，在财政方面可以缓解资金紧张。

万历九年（公元1581年），"一条鞭法"在全国正式实行，在张居正的不断推行下，这个税制改革措施和张居正的"考成法"对吏治的整顿、清丈田亩、并且对强权势力具有抑制作用，这些都是相互联系的。没有这些条件，这个措施就很难实行。"一条鞭法"在制定时期最主要的目的就是对赋役的整顿，为国家解决财政紧张，为了能够使明朝稳定下来，只有奠定了大明王朝的基础才能得到有效统治，但这个措施的推行所产生的作用不仅仅如此。

张居正主政十年，在这段时间，明朝在吏治和经济上都呈现出良好的态势，百姓负担减轻，人民安居乐业，国家逐渐走向繁荣。北京的粮仓的存粮就能够供应百姓9年。国库充盈，这些存款都是供国家紧要时拿出来使用的。

虽然张居正实行了"一条鞭法"，使得国库财政存款充盈，对明朝的局面也有了很大的改善，但在这其中他得罪了不少人。张居正的改革措施涉及到了他们的利益，荷包缩水自然是要把这个罪人的帽子扣到张居正的头上。他们痛恨张居正，还有人和张居正政见对立，他们觉得张居正凭借宰相之位让所有人都听命于他，这种专权行为背后一定藏匿着更大的野心。

万历初期，礼部尚书的一位清流首领陆树生因为实在看不惯张居正的许多做法而辞职，他觉得张居正不遵循王道，只顾着使国家拥有更多的财富和强兵。

不久之后，张居正的父亲因病离世，自此发生了一场门生发难的巨大风波，对张居正的打击很大。依照惯例，父母在去世之后，作为儿子要在家里守孝，皇上却对张居正说不用回家守孝，此时张居正内心很矛盾，正在犹豫时，礼部尚书张瀚带领张居正的众多门生持刀剑相逼，让他回家守孝。

门生发难数次，让张居正在这样的威逼之下和为父亲去世奔丧的疲劳中受到双重打击，最后，他终于没有力气再挺下去了，一病不起。

他知道自己时日不多了，于是就接连上了两疏，请求神宗能够准许他回到家乡，这是他最后的心愿，但是神宗没有答应。万历十年（公元1582年），张居正静静地离开了人世，他的丰功伟绩被人们永远铭记，终年 58 岁。

张居正去世后，神宗开始肆无忌惮地谋求自己的利益，为了自己的一己私欲横征暴敛，使国家的财政重新陷入危机之中，百姓徭役繁重，民不聊生。朝廷之上更是乱成一团，官员们结党营私，明朝走向了黑暗和腐败，经济政治和社会矛盾日益激烈，最终无力挽回，明王朝在灭亡的悬崖边摇摇欲坠。

在历史长河中，张居正的改革对当时国家的政治和经济都产生了一定影响，他是一个伟大的改革家，他的改革具有循序渐进的特点，因此当时的社会能够接纳他的改革措施。在张居正执政十年的这段时期，明朝末期是历史上一颗闪亮的星，但最终逐渐走向暗淡。

局势分析

张居正是明朝的内阁大臣，是明朝时期伟大的政治家和谋略家，万历帝在他辅佐下开创了"万历新政"。伟大的政治家都有他的一套，张居正的政治变革从很大程度上解决了明朝的财政紧张问题，在他担任内阁的十年期间，明朝的国库逐渐充盈，国家有了一定的经济实力。这在当朝，除了张居正，没有第二个人能够做到。

张居正和高拱论谋略是有过之而无不及，高拱看重个人恩怨，曾经和徐阶有芥蒂，又和宫廷中的太监闹矛盾，后来被迫辞职，这从一定程度上讲都是因为他没有宽阔的胸襟，他的政治改革也从来都不能顾全大局，从长远角度来看，从功绩上他就输给了张居正。然而张居正担任内阁十年以来，内阁与内廷的关系融洽，因此共同努力才能够使政治思想得以贯彻落实，这说明张居正在谋略上也远远高于高拱。

说点局外事

说一说李太后与张居正两人之间的关系，这始终都是一个极其敏感的话题。

在万历初期，他们二人的关系更是不能为外人道。李太后欣赏张居正是光明正大的，也是无可厚非的，不仅在国家大事的谋划，在对皇帝的教育上，不说是互相赞同，也得说是言听计从了。

在朱翊钧刚刚成年的时候，张居正好几次都提出该把皇权交给皇帝了，但李太后却并不赞同。朱翊钧年满二十岁的时候曾经请求母亲，希望亲自处理国家政务，李太后却明确告诉他说："在三十岁之前，亲政的事情不要提，都听张先生的安排。"母亲这句话让朱翊钧对张居正越来越反感。

在李太后的大力支持下，张居正才能够大力施展自己的才华，他推行了新政，让本来苟延残喘的明朝又恢复了朝气。但是万历十年后，张居正去世，万历帝亲政，他对张居正的怨恨迟迟不得消减，于是接下来他开始清算张居正的老账，仅用了短短几年时间，万历新政为明朝打下的基础都被神宗消耗殆尽。

第五章　挥之不去的内忧外患

神宗时期，君臣关系并不融洽，他因为国本之争和群臣对峙了长达三十年，怠政时间是明朝皇帝中时间最长的一位。这就给明朝后来的发展埋下了一颗走向灭亡的种子。然而一个朝代在逐渐走在这条路上，一定会发生各种各样的问题，而这些问题都会成为加快朝代灭亡的关键。明朝末期，宦官专权，各党派之间的矛盾激烈，外有侵扰，内有奸臣，就连在这个汇集财富和权力的紫禁城内也发生一些让人啼笑皆非的事情。

播州战役

播州就是现在的贵州遵义，从西汉时期开始就在这里设郡，唐乾符三年（公元 876 年），杨端奉命带领谢、成、赵、娄、梁、令狐、犹、韦八大家族向南诏发起征讨，将南诏平定后，杨端接到皇帝诏书，命其世代在播州镇守。从此，直到明万历年，杨氏家族始终在这里驻守，已经有七百多年了。

万历时期，一直沿用的世袭土司制度已经不再适应当前的局势。首先是汉人在向西南山区方向扩张势力，其次西南地区的少数民族为了维护当前的生活方式以及政权的运行模式，始终都奋力抵抗。在这样的前提下，朝廷和土司之间的矛盾必然产生，这其中的冲突关系也直接反映出当时那个朝代的时代背景。

杨氏家族在播州镇守，到杨应龙是第二十九代继承人，朝廷任命他为播州宣慰使，为了播州的本土建设，杨应龙把自己的大部分财力都投入进去了，因此深受当地人的拥戴。地方的官府和土司的利益因此受到影响，百姓和官员之间总是会得罪一方，地方官和其他土司视杨氏为眼中钉，想尽快将他铲除。但是杨应龙效忠朝廷，征兵或伐木都数他最积极。

杨应龙被封为播州宣慰使，虽然人在贵州，但还是对四川更有感情，关系也相对更紧密。这就使身为贵州巡抚的叶梦熊不高兴了。他心胸狭窄，又喜欢无事生非，杨应龙的"二十四大罪状"就是他弹劾的，其中包括杨应龙用阉宦、造宫室、穿蟒袍、没收土司的田地等等，这些都是叶梦熊捏造的罪状，事实并不存在，即便是有，也只是一些鸡毛蒜皮的小事。叶梦熊没有闹着玩，他真的把这本弹劾杨应龙的奏章呈上去了，朝廷正在讨论要不要把杨应龙请来盘问的时候，四川巡抚，李化龙向皇上上书说没有必要这样做，李化龙将杨应龙暂时保了下来。

杨应龙的妾室田氏和他的正室张氏向来不合，于是就想污蔑张氏有奸情，杨应龙竟然相信了田氏的话，一气之下杀死了张氏。虽然杨应龙并不喜欢张氏，但张家在播州也算是名门望族，杨应龙杀了张家的人，张家自然不会善罢甘休，于是以谋反罪将杨应龙告到了衙门，杨家和张家的恩怨也不是一天两天了，这次杨应龙杀妻成为了事情爆发的导火线。

杨应龙陷入了危机，这个好机会叶梦熊怎么能够错过呢！于是他再次将罪状呈上朝廷，请求朝廷将杨应龙叫来堪问。朝廷让杨应龙从四川和贵州两地选择听堪，杨应龙选择了四川。在四川省府治所重庆了解了一系列情况，结果是要杨应龙交两万两银子做赔偿，并且需要带领五千将士奔赴朝鲜剿灭倭寇。但是杨应龙带兵刚走一半路程，就传来了消息，朝鲜第一阶段的战争宣布告一段落。

万历二十一年（公元 1593 年）四川李化龙辞去职务，王继光继任，杨应龙面对王继光的强制态度，没有了李化龙，杨应龙没有了依靠，顿时危机四伏，他的辉煌成就也因此即将落幕。

王继光在叶梦熊之后再次向朝廷提出要杨应龙去重庆接受堪问，但这个时候已经不同于上次，政治局势发生了很大的变化，杨应龙自然不会去。于是王继光派兵三千企图围剿杨应龙，杨应龙将王继光的官兵都围困起来，在板桥至娄山关之间的白石口，官兵死的死，伤的伤，一半兵力都消耗掉了。

帝国首次向播州发兵，但三千兵力和数以万计的骁勇善战的播州兵是无法相比较的，不过他们只是想要用这件事作为开战的借口，杨应龙最终还是将帝国的文官绑进战车。

朝廷一听到这个消息，万历帝勃然大怒，将王继光免职，随后任命邢玠为川黔总督对这件事进行处理。于是邢玠领命便前往四川，他命重庆知府王士琦前去安稳审问杨应龙，杨应龙知道邢玠要来，于是提前让弟弟杨兆龙在安稳城门外迎接。审后判决杨应龙交出四万两罚金，就当是对伐木的补助资金，验明了杀死官兵的黄元、阿羔和阿苗的正身之后抵了杨应龙的死罪，但是为了担心杨应龙不交罚金，将他的次子杨可栋带走，作为人质押往重庆。

但是没过多久，人质杨可栋在牢狱中被折磨致死，但是杨应龙并没有把罚金完全交齐，重庆不允许他将儿子的尸体带回去。事情发展到这个程度，帝国和杨氏家族之间的关系已经到了无法挽回的地步，或许这个结果恰恰就是地方当局想要的。

杨应龙沉浸在失去次子的痛苦中，杨应龙将罪过都推到各土司身上，带着愤怒，杨应龙开始了他的报复行动。从万历二十四年开始，杨应龙派兵接连对余庆、大呼、都坝、草塘、兴隆、都匀、黄平、重安、江津、洪头、高坪、新村，乃至扰湖广等村落袭掠，多达四十八个。杨应龙之所以这么做是因为失子之痛让他难以承受，加上土司常年的挑拨让他再也无法忍耐，他内心感到不满，他的举动处于发泄内心的不满，被他袭掠的村落几乎都是播州的土地，只不过是朝廷划分给土司的。但直到这个时候，朝鲜方面的问题仍然亟待解决，除此之外，杨应龙只是想要对其他土司施加报复，因此朝廷始终都在冷眼观察。

万历二十七年（公元 1599 年），朝廷命贵州巡抚杨国柱、李廷栋率领三千兵马向杨应龙开战，但是结果和上次相同，三千士兵都被牢牢围困，包括杨、李二人在内，被播州兵围困在飞练堡，没有人幸免于难。

当京城再次接到贵州的败报，万历帝立即罢免了江东之地巡抚职务，让郭子章接替，恰好赶上朝鲜的战争已经结束，万历帝接下来就打算彻底解决播州的问题。

万历二十八年（公元 1600）二月，军队已经调整好，南京兵部左侍郎李化龙手持尚方宝剑削弱川贵和湖广三省军务，去重庆主持平息播州的事情。万历帝亲征从各个地方调集辅助军队和西南土司兵，共计九个省在内共计二十四万大军，他命各将领从各地率兵赶往播州，此时英雄如云，都聚集在四川和贵州，其中刘铤出綦江，曹希彬出永宁，马礼英出南川，陈磷出白泥，吴广出合江，朱鹤龄出沙溪，童元镇出乌江，李应祥出兴隆卫，可谓声势浩大，当时的阵势就是奔着踏平播州啊！

播州地势复杂，易守难攻，只有一条通往外界的道路，尤其綦江和娄山地势最为险要，为了使自己处于主动地位，杨应龙在朝廷大军还没有围攻之前就拿下了綦江城，他将城内的军士和百姓杀得干干净净。血洗綦江城，杨应龙也在以此警告来兵，这将是他们的下场，播州就是他们的葬身之地。时间一天天过去了，巨大的阴影让每一个播州人都带着沉重的心情接受更为残酷的场面。

杨应龙的长子杨朝栋率数万苗军镇守綦江，刘铤是大将军刘显之后，在四川长期镇守西南，苗人对他很是爱戴。二月十五日，綦江被攻下，苗军被吓得四处逃窜，綦江是他们占据的最有利的地理位置，一被攻下就很难迎战了，杨朝栋也面临着十分危急的局面。此次战争失败之后，杨朝栋没有善罢甘休，他收拢散兵重新组织军队，在娄山关排兵布阵。刘铤率领军队直逼娄山关，沿途中苗寨都被进军的军官迫害，苗人开始同心协力都前往娄山和敌人抵抗，年幼的孩子也投身到抵抗战争中。

官军展开激烈的攻势，娄山关眼看就要失守，只有最后一道防线海龙囤可守，那里也是杨应龙的帅府，于是人们纷纷前往海龙囤。海龙囤历史悠久，杨家视那里为最高防线。海龙囤海拔高，且道路陡峭，想要通过只能攀爬才能过去。

万历二十八年三月中旬，海龙军已经被大军团团包围，苗人老少齐上阵协助御敌。官兵在通往海龙囤的路上修建了堡垒，步步紧逼。海龙囤的防线在刘铤和马礼英的率领下，这最后一道防线被击破。到了六月，刘铤又带领官兵从海龙囤的后山攀爬而上，前方有马礼英的攻击，后山有刘铤，海龙囤前方已经失守，后山也几近被攻破。在这个紧要时刻，苗兵和官军展开了最后一搏。杨兆龙战死沙场，杨朝栋也被官军俘虏，官兵展开大肆杀戮，苗人老少都在战争中被杀害，海龙囤到处都血迹斑斑，尸横遍野。杨应龙知道已无力回天，于是将王宫烧毁，并和侍妾金瓶梅一起自缢而亡。此战杨氏家族几乎被灭门，只有杨应龙的小儿子杨俸禄被侍女救走才免遭劫难。

播州之战持续了一百多天，在此期间，军官共砍杀了二万五千人，俘虏了一千多人，杨氏家族被俘达七十多人，对于杨朝栋等重要人物都被押送京城，准备凌迟处死。杨应龙的尸体也被带回来挫尸。在这场战斗中生还者所剩无几，其余的都是老弱病残，整个寨子空空如也，田地也无人治理。播州被攻克后，朝廷在播州改土归流，将遵义府归为四川，而评阅则归为贵州，并且派流官进行管制。播州战役最终以朝廷的胜利而告终。

局势分析

播州处于四川、贵州和湖北之间，地形复杂，有山川险阻，广袤千里。自从唐朝的杨端之后，杨氏家族世代都在这个地方统治，随时等待皇帝一声令下。明朝初期，杨铿内附，被任命为播州宣慰司使。万历之初担任播州宣慰司使，他蛮横暴躁，气焰嚣张，后来在万历十七年公然反叛。明朝廷对杨应龙的做法不知该如何定夺，也没有想到好的对策。杨应龙就在朝廷面前装出一副拿钱赎罪的样子，但实际上他并没有死心。他一边将苗军引入四川、贵州、湖广等数十个城镇，还搜刮百姓的钱财，大肆残害百姓，奸淫掳掠无恶不作。

二十六年，谭希思以四川巡抚的身份在綦江、合江（今四川泸州东）设计防御。第二年，贵州巡抚江东之令都司杨国柱率领三千军队进军，结果惨败。明朝廷罢去江东，郭子章取而代之。接着又任用前都御史李化龙兼兵部侍郎，节制川、湖、贵三省军事，并派刘綎、麻贵、陈璘、董一元等向南进攻。两年后，征兵大集，二月，在李化龙的统领下，军队兵分八路，各路人马三万。

说点局外事

万历二十七年（公元1599年），贵州巡抚江东之率三千兵马进攻围剿，杨应龙令杨兆龙和其子朝栋率军奔赴飞练堡准备战斗，最后官军全军覆灭，江东之也被罢免了职务。

当时明朝的援朝战争结束，万历帝决心平定叛乱，还百姓一个太平。五月，他命李化龙重整军队，再次率军节制川、黔、湖广这三省的军务，让他做播州之战的统帅。杨应龙在率八万兵马沦陷案江，结果兵败，秦江城成了一片血泊。

万历二十八年（公元 1600）春天，明军兵分八路的兵马纷纷在播州汇合，李化龙掌控播州的整体战局，镇守重庆，贵州巡抚郭子章镇守贵阳；湖广巡抚支大可转移驻守沅江。明军将军队分成八路进攻围剿：刘珽率领主力军出綦江；马礼英率军出南川；吴广出合江；曹希彬出永宁；童无镇出乌江；朱鹤龄出沙溪；李应祥出兴隆卫；陈璘出白泥。每人率领的军队都有 3 万兵马，一共有 20 余万人。这样的战略决策可以看出神宗剿灭叛乱的决心。

国本之争

"国本"，就是太子。在万历年间就发生了一件由争夺太子之位而展开的政治斗争。从万历十四年（公元 1586 年）到四十二年（公元 1614 年），在万历年间，这场斗争持续了将近三十年。

之前我们说到过，王皇后没有为神宗万历帝生下皇子，王恭妃最先生下了皇长子朱常洛（是为后来的明光宗），郑贵妃后来也生下了皇子朱常洵（后来被封为福王）。朱常洛是皇长子，根据皇位继承制，有嫡立嫡，无嫡立长的制度，朱常洛理所当然就该被立为太子。但是万历帝对郑贵妃甚是宠爱，爱屋及乌，郑贵妃所生的皇子朱常洵备受万历帝喜爱，因此想要立朱常洵为太子，还带郑贵妃一起去神殿前发誓要把太子之位给朱常洵。神宗把立下的誓言写在纸条上，放进一个玉盒里，放在郑贵妃手中保管。

另一方面，废长立幼本是非常忌讳的事情，神宗见群臣反对，立太子的事情就暂且放到一边，后来再次提及的时候，大臣们依旧反对，神宗对郑贵妃许下的誓言也无法兑现，毫无疑问，群臣为了维护纲纪，和神宗据理力争，坚持立朱常洛为太子。

首辅大臣申时行于万历十四年（公元1586年）二月，向皇帝上书《请册立东宫以重国本疏》，由此展开了将近三十年的国本之争。申时行带领群臣奏请皇帝遵循朝廷朝纲，文武百官联名上奏，就连各部府司道衙门也都恳请上奏。在群臣的奏章中，户部的交给事中姜应麟、吏部负责验封的司员外郎沈璟、刑部山西司主事孙如法、河南道御史杨绍程四个人的奏章在言辞中非常激烈，万历帝一怒之下，将这四个人降级处置。

　　万历十七年（公元1589年）十二月二十一日，神宗又接到大理寺左评事雒于仁的奏章，他直言神宗有四大病，为"酒色财气"，他在奏章中的论述使群臣产生共鸣，此后大学士王家屏等内阁大臣又出来庇护。自此之后，申时行、大学士许国、吏部尚书朱纁和礼部尚书于慎行等人都联名奏请神宗尽快册立太子，此外还请神宗尽早考虑皇长子朱常洛出阁读书，也是"预教"，虽然这只是一个形式，但预教的举行才证明太子之位受到认可。

　　神宗在群臣的压力下，非常无奈，只能表态：次年就开始着手举行建储大典。神宗把这件事暂且搁置下来，一年过去了，神宗又找其他借口推脱，大臣们纷纷传言神宗很有可能想要废长立幼。

　　万历二十一年（公元1593年）正月，神宗亲笔下诏向大学士王锡爵示意，想要将皇长子朱常洛、皇三子朱常洵和皇五子朱常浩并立为王，以后再从这三位皇子中挑选出一位最具才能的人立为太子。王锡爵上书向王皇后请命抚养皇长子朱常洛，因此长子就是嫡出。但神宗想出的这一招将三人同时封为王，无疑是将本该被册封为太子的朱常洛降低了身份。

　　谕旨下达，文武百官都提出反对意见，朝中大臣纷纷抗议，紧接着神宗就接到上百本群臣反对"三王并封"的奏章。后来被迫于群臣的压力，神宗无奈之下答应从明年春天开始举行定出阁讲学礼。第二年二月，朱常洛才开始出阁接受教育，文武百官在国本之争中做出的努力没有白费，最初的胜利让他们看到了希望。

　　群臣向神宗施压，使得神宗不得不放弃曾经提出的"三王并封"的谕旨，但是他依然没有放弃"待嫡"的想法。后来在长达八年的君臣斗争中，神宗也接到了上百次的群臣奏请，后来百官恳请皇太后插手这件事，在群臣和皇太后的直接压力下，神宗才决定将朱常洛立为皇太子，并封朱常洵为福王，分洛阳为封土地。

洪武皇帝的遗训中提到，藩王在被册封之后，必须立刻前往封地。但是福王被神宗册封了十多年却一直都留在京城，没有前往封地。福王只要有一天不赶往封地，朱常洛的太子之位就一天不能稳固。

朱常洛虽被册封为太子，但是福王朱常洵始终留在京城，这对朱常洛是一个很大的威胁。接下来群臣又开始了新一轮的斗争。对福王就蕃之国一事向万历帝上疏，但却被万历帝找各种借口推脱。

万历四十一年（公元1613年），万历帝实在和群臣斗不下去了，第二年春天，让福王前往封地，还提出条件，要求赏赐福王庄田四万顷。四万顷实在是面积巨大，没办法凑足。朝中大臣东林党尤其反对，万历帝斗不过，无奈再次做出退让，将四万顷减为两万顷。万历四十二年（公元1614年）三月，朱常洛的皇长子朱由校年满九岁，神宗深知废长立爱已经没有可能，于是才给朱常洵封地洛阳，文武百官因此松了一口气。激烈的"国本之争"长达三十年，至此终于宣告结束。

局势分析

福王在回到封地之后，横行霸道，侵扰渔民，还搜刮民脂民膏，坏事都做尽了，被百姓所憎恨。然而万历帝已经怠政30年了，群臣呈上的奏章都不予理睬，只有福王府的奏章只要早上递交，下午就会有答复，他所提出的要求没有一个是不被应允的。福王正因为可以借藩王之名谋取私利，许多奸人和亡命徒都纷纷投奔朱常洵。后来天启帝和崇祯帝登基后都因为福王是皇室藩王，都非常尊敬他。

福王是个体重三百多斤的胖子，他一辈子吃喝玩乐样样没落下，整日沉迷酒色，花天酒地醉生梦死。流寇猖獗的时候又赶上河南发生大旱灾，百姓没有粮食，但福王对这些都漠不关心，依然向百姓征收赋税，就连一点赈济的样子都没有。

征兵的队伍在路过洛阳的时候，士兵们都非常愤怒地说："洛阳比皇宫还要富有，神宗将天下的钱财都给福王，却让我们忍饥挨饿地去打仗，丧命敌军之手，这真是不公平！"当时辞官隐退的南京兵部尚书吕维祺曾经多次劝说

福王，要为自己考虑，也应该拿出些钱来救济百姓。可福王和他的父亲明神宗一样，爱财如命，说什么也不听。

说点局外事

从万历十四年（公元1586年）二月起，文武百官为了推举朱常洛继承皇太子之位，内阁大臣纷纷离职，数百名大臣都因此承受了惨痛的代价，在国本之争期间，群臣向万历帝呈上的奏章不下上千万，费尽千辛万苦才使朱常洛登上太子之位，实属不易，最终登上了皇帝的宝座。由此可以看出，"争国本"的斗争是漫长又激烈的过程。明朝末期的政治制度的弊病从很大程度上都离不开"国本之争"。

因此，这场如同长跑般的"国本"之争是导致明朝覆灭的其中一个原因。

萨尔浒大战

自从努尔哈赤建立后金，他用了两年多的时间整顿军队，扩大生产，增强国力。公元1618年，努尔哈赤将八旗领导人和将士们召集到一起举办了盛大的誓师大会。在大会上，努尔哈赤称和明朝早已结下了恩怨，他罗列出七件事，并叫这七件事情为"七大恨"。第一件事就是明朝故意挑衅，致使他的祖父和父亲被害。如今他召集兵马决心讨伐明朝，为的就是报仇！

第二天，努尔哈赤便带领两万兵马征战抚顺，事先他以书信的方式通知抚顺的明军驻守的大将，劝他赶快投降。守将李永芳见金兵声势浩大，没有抵抗就投降了，后金轻而易举就俘获了人口、牲畜共三十万。明朝的辽东巡抚得知抚顺遭遇金兵攻击，立即带兵赶往抚顺救援，还没到抚顺就遭遇金兵的突围，伤亡惨重。于是努尔哈赤决定毁了抚顺，带着俘获的战利品暂且返回了赫图哈拉。

北京得知这个消息后，明神宗大发雷霆，立刻任命杨镐为辽东经略，率军讨伐。杨镐费了好大劲才东拼西凑3万人马。公元1619年，杨镐将军队分为四路，每路都由一个总兵官率领，四路军队同时向赫图阿拉进攻。辽东总兵李如柏为中路右翼，山海关总兵杜松为中路左翼；辽阳总兵刘铤为南路；开原总兵马林为北路。为了震慑敌人，他们造势称自己有四十七万大军，杨镐在沈阳指挥战斗。

当时后金的兵力还不到六万。将士们搜索情报后都万分胆怯，向努尔哈赤汇报，请他拿主意。努尔哈赤胸有成竹地说："不用怕，他几路来的，我都一路去！"

努尔哈赤又做了详细的调查，努尔哈赤知道率领中路左翼的明军才是主力军，并且从抚顺一路过来发动攻击，于是他集中兵力重点对付杜松。

杜松可是一员久经沙场的老将，从抚顺一路过来，天气不好，还下着大雪，他想要获得头等功，无论气候多恶劣，他都坚持率军冒雪进行。首先他将萨尔浒（今辽宁抚顺东）山口攻占，随后将军队分为两路，萨尔浒和后金藩城（今新宾西北）各一半兵力，分别安扎起来。杜松的兵力逐渐分散，努尔哈赤见了还暗暗自喜，他集中了八旗的兵力，一举将萨尔浒大军攻陷，还断了杜松的后路。随后又急行军赶往界藩救援。明军当时已将界藩团团包围，知道自己的后路被抄之后，一时间军心涣散，在界藩驻守的后金从山上迅速冲下来，杜松遭遇了重重的打击，纷纷缴械投降。努尔哈赤率军将明军包围。

杜松左右想要冲出包围圈，突然一支箭飞过来射中了头部，当场毙命。杜松的部下也所剩无几，遍地都是死伤的将士，血流成河，军队也在努尔哈赤的包围中全军覆没。

此时马林的北路军从开原（今辽宁开原）出军，行进到距离萨尔浒二十公里处时得知杜松兵败，吓得毛骨悚然，本打算以攻为主，听到这个消息，立刻改变了策略，改攻为守，围绕山峦安置扎营，还掘下了三层壕沟，以便防守。努尔哈赤率军从界藩立即杀过来，将大明军营壁垒攻下。马林得知消息迅速逃跑，刚刚到达开原就被第二路明军全部剿灭。

杨镐还气定神闲地在沈阳等待胜利的消息，连续两天都只接到了两路人马纷纷覆灭的消息，顿时他惊慌失措。通过这次战斗他才尝到努尔哈赤真正的实力，他可不是个省油的灯，于是立即派人骑快马下达指令，另外两路军队立刻停止行进。

辽东总兵李如柏一向胆小怯懦，行军缓慢，刚一接到杨镐的指令就赶忙撤兵。后金的哨兵站在高高的山上勘察敌情，见明军撤退都大声叫喊，明军担心后面会有追兵来个出其不意，于是慌张逃命。

刘𬘩率领的南路军队接到杨镐的停止行进命令时已经深入到后金的阵地中了，各路明军惨败的消息他一点都不知道。刘𬘩是明朝著名的将领，他所用的兵器是重达一百二十斤的大刀，他力大威猛，人称"刘大刀"。刘𬘩有着充足的兵器和火药，军队纪律严明，刚刚进入后金阵地就接连攻破了后金的好几个军营。

努尔哈赤当然听说过刘𬘩是明朝的名将，绝对不能硬拼，唯有智取。于是他从投降的明军中挑了一个假冒杜松的部下，捎信给刘𬘩，并告诉刘𬘩，杜松的军队在赫图哈拉城下等他汇合攻城。

刘𬘩在没有接到杨镐命令之前，也不清楚杜松的军队已经被全部歼灭，他担心不能拿下头等功，于是带着军队加速行进。由于道路狭窄，兵马只能调整为单列行进。刘𬘩的军队还没走多远，就听见周围突然一片喊杀声，刘𬘩顿时吓了一跳，后金的埋伏军来势汹汹。刘𬘩着急了，努尔哈赤又派出一支假扮明军的后金军，打着明军的旗号声称是杜松的军队前来接应，刘𬘩竟一点没有质疑就跟随着被带进了后金设好的圈套中。

后金军采取里应外合的策略，从四面八方进行包围夹击，明军一下子乱了阵脚。刘𬘩虽说作战勇猛，挥动大刀，但是众寡悬殊，最后被后金军击杀了左右两臂，最终倒在了战场上。萨尔浒大战仅仅持续了五天的时间，但就在这短短几天中，明朝的军队损失过半，文武将官也死伤众多。历史上称这场战争为"萨尔浒之战"。战争结束后，明朝元气大伤，后金乘胜紧逼，两年以后，努尔哈赤又率领八旗军队攻克了辽阳和沈阳。

公元 1625 年 3 月，努尔哈赤迁都城到沈阳，还称沈阳为盛京。从此，明朝有了后金这个强大的威胁。

局势分析

在萨尔浒大战中，后金军取得的胜利不仅在一定程度上使其政权得到了稳固，还在辽东战场夺得了战争的主动权。明军之所以会遭遇兵败，从一开始就陷入了被动作战，辽东的局势也变得危机四伏。

明朝北路军将领马林改变进攻策略，由进攻转为防御，后金士气大增，由防御改为进攻。明朝因此失去了辽东大部分领土，山海关以外只有锦州、宁远、杏山和塔山等地一小部分土地。

说点局外事

萨尔浒之战主要是通过集中兵力、逐一击破、连续作战、选择对自己有利的作战方位和战机，在作战速度上速战速决和以少胜多的典型案例。在短短五天之内，就开辟了三个战场，战争之前严密布阵，作战勇猛顽强，在战争结束后迅速撤离战场，整装待发，准备下一场战斗。后金大获全胜，明军损失惨重。

此后，明朝元气大伤，想要削弱女真部落的发展势力屡次遭遇失败。政治局面也逐渐变得被动，由进攻转为防御。后金则与之相反，后金的力量逐渐增强，他的野心和对财富的欲望也不断见长，战争上占据主动地位，战略战术由防守改为进攻。

在位时间最短的帝王

朱常洛是明神宗的皇长子，神宗朱翊钧去世后，朱常洛继位。是明代的第十四位皇帝。在这位皇帝身上透着一股传奇的色彩。虽然是神宗的长子，但并不得神宗喜爱，他的皇位也实在是得来不易。他苦苦等了三十九年才登上皇位，但是他福厚命薄，只在皇帝位子上坐了二十九天就离奇去世，成为了明朝历史上在位时间最短的皇帝。明宫中的三大疑案，其中有两大疑案都和他有关，这给朱常洛的一生披上了一层神秘的外衣。

朱常洛（公元 1582 年—公元 1620 年），公元 1582 年生人，明神宗朱翊钧皇长子，他是明朝第十四位皇帝。虽贵为皇长子，于万历十年（公元 1582 年）八月在紫禁城出生，但并不受神宗的喜爱。由于他的生母是一名普通宫女，神宗在去慈宁宫看望太后时见到他长相秀美端庄、有几分姿色，冲动之下就暗地里宠幸了王氏，还赏赐给她一副首饰。虽然随从侍候的宦官有记载，但是神宗对她并非真心，因此时隔许久都没有公开。皇太后得知这个消息之后没有对他有过多的责备，因为皇太后也是宫女出身，于是让朱常洛给王氏一个名分。

万历十年（公元1582年）六月，怀有身孕的王氏被封为恭妃。两个月后就生下了朱常洛。恭妃王氏知道神宗并不喜爱自己，也不愿争宠，于是带着朱常洛住在偏僻安静的宫苑。

万历十四年（公元1586年）一月，神宗最宠爱的淑嫔郑氏生下了皇三子朱常洵，神宗对朱常洵很是喜爱，对他宠爱有加，再加上郑氏常常给神宗吹枕边风，时间长了就暗自打算废长立幼。大臣们看着神宗的做法都开始担心，于是大臣们商议着要神宗尽快考虑册立太子的事，但神宗却借朱常洛年幼为由一口拒绝。

没过多久，神宗又决定把淑嫔郑氏封为皇贵妃。后宫之中，皇贵妃的权力只比皇后低一级，如此一来，最先生下朱常洛的恭妃反倒在郑氏之下。在后宫，子以母为贵，朱常洵的地位也要比皇长子朱常洛高。神宗所做的这一切，大臣们都看在眼里。于是纷纷向神宗上疏，提出不能坏了老规矩，要遵循有嫡立嫡，无嫡立长的皇位继承制。朱常洛理所当然地应当被册立为太子，郑淑嫔和恭妃王氏的晋封之礼也应该同时进行。大臣们的上疏没起作用，神宗又给驳回了。

眼看朱常洛渐渐长大了，早就该上学了，但神宗却对他漠不关心，也不让他上学，到了万历二十三年（公元1595年），神宗才在众大臣们的频繁请奏下让皇长子出阁接受教育。紧接着神宗又有新主意，他想要将三王一并册封，三位皇子都册封为王，皇长子的地位就被降低了，接着就爆发国本之争。后来在大臣们和慈圣皇太后的干预之下，神宗无奈之下才册立朱常洛为太子。

万历二十九年（公元1601年）十月，朱常洛终于被册立为太子。第二年，皇太子纳太子妃，从此以后搬到慈庆宫居住，和母亲分开。王氏一个人在景阳宫，后来患有白内障，双眼几乎看不见。

万历三十九年（公元1611年），王氏病重，危在旦夕。朱常洛到景阳宫探望，景阳宫门前甚是凄凉。朱常洛从门外边走边呼喊母亲，王氏听到儿子的喊声，忙叫人搀扶着出门相迎，她的双眼几乎失明，用手抚摸儿子，哀伤地说："我的儿子都长这么大了，我死了也没有遗憾了！"王氏去世的时候，朱常洛已经有五个孩子，但这对他的太子之位以及生下的皇孙没有起到什么作用。无论宫内还是宫外，都潜藏着威胁，他的地位和生命都存在着危机。

万历四十三年（公元1615年）五月四日傍晚，一个神秘的黑衣男子手持木棍，直闯慈庆宫，他将守门的老太监打伤了，随后直奔前殿，幸好当值的太监抓住了他，朱常洛才免遭此劫难。这件案子经过了反复的审查，后来竟牵扯到郑贵妃，于是神宗不愿将事态扩大处理，下令不许再往下查，于是这件案子就草草了结，两个太监成了替死鬼，这条唯一的线索被截断，这也成了明宫中的一大疑案。

万历四十八年（公元1620年）七月二十一日，神宗朱翊钧驾崩。丧事过后，朱常洛总算是登上了皇帝的宝座，是为光宗，改年号为泰昌元年。光宗继位后，为了当一个好皇帝，他一心治理朝政，想要扭转乾坤，将万历朝后期有弊端的政治制度进行完善和加强，还发内币对边关驻守的将士进行赏赐，军队不再为军饷发愁；矿税使百姓生活压力很大，已经引起了民愤，于是他停止了矿税；还起用了许多因直言进谏而被贬的万历大臣；万历末期，官员短缺，于是他亲自考察大臣，又提拔了一些新的官吏为朝廷效力，官员的短缺问题也解决了。

然而对于郑贵妃曾经对自己起了杀心这件事，朱常洛并没有深入追究，还以先皇叮嘱为由，善待郑贵妃。神宗在去世前嘱咐过他，要优待郑贵妃，将她封为皇后。

神宗刚刚驾崩的第二天，朱常洛就传内阁，遵照父皇的遗愿，将郑贵妃册封为皇后。这时候神宗、王皇后以及王恭妃都已经去世，郑贵妃如果成为皇后，很有可能就会变成皇太后。礼部右侍郎向朱常洛上疏："臣已经详细地查阅了历朝的典故，没有这样的例子。"这让朱常洛左右为难，于是就把奏疏压了下来，没有下发。

八月二十日，朱常洛将封郑贵妃为皇太后的成命收回，他所做的这一切都证明朱常洛想要成为一个受百姓拥戴的好皇帝。但是就在这个时候，他突然病了。

朱常洛在还没有登上皇位之前就好女色，继位之后，郑贵妃为了当上皇后而讨好他，还投其所好，从宫中挑选出八位长相出众的美女以及大量的珠宝，将珍奇异玩派人送到朱常洛寝宫。朱常洛在做太子的那段时间很长时间都压抑着自己，如今已经登上了皇位，就没有什么可顾忌的，于是过度纵欲。朱常洛的身体并不强壮，宫中政务繁多，一下子就消耗了元神，还没做半个月的皇帝就卧病在床了。

一般来说，这也并不是什么不能治的大病，只要平时多调理，吃一些补身子的药，再安心休养一段时间就能够恢复。但是御药房的掌管人崔文升却给朱常洛进上了一剂泻药，朱常洛服下后当晚就来来回回腹泻了数十次，这对朱常洛虚弱的身体可谓起了很大的损害，再也起不来了，病情一天天在恶化。八月二十九日，鸿胪寺丞李可灼称自己能够炼制出能够救命的红丸，于是朱常洛速速请他送来，李可灼向朱常洛献上了两粒，朱常洛觉得服用一丸后，身体略感舒适，于是说要接连再服一丸，当日连续服用了两粒，于是便昏沉睡去，到了第二天早上，朱常洛驾崩。朱常洛因为服用了红丸而死，这红丸究竟是个什么药，有没有毒，崔文升又为什么向皇帝进泻药，他怎么敢向皇帝进泻药，是否有人指使，这些都无从考证。朝中的大臣纷纷议论此事，最后认定李可灼是红丸案的罪魁祸首，但后来这起案件也不了了之了，成为明宫的又一疑案。

朱常洛死得不清不楚，他在位时期改次年为泰昌元年的想法也好像就要破灭，每个皇帝都代表一个时代，朝中的大臣们进行了商议，最后决定将万历四十八年（公元 1620 年）八月一日朱常洛继位那天算起到年底制定为泰昌元年。

朱常洛驾崩时三十九岁，只做了一个月的皇帝，历史上称他为"一月天子"。当时，神宗尸骨未寒，陵墓在建，光宗又接连去世，地宫不能在短时间内建成，因此只能在原景泰陵的废弃旧址重新建造新的皇陵，于天启元年（公元 1621 年）八月竣工，九月将光宗下葬，名为庆陵。

局势分析

朱常洛继位的时候确实想做一个明君，神宗在位时期提倡节俭，因此宫中还存有大量财产。朱常洛刚刚登基，就从中拿出160万两，上次给在辽东和北方边防驻守的军队。还停止了万历年让百姓怨声载道的矿监和税监。还起用了在万历年间因直言上疏遭到处罚的大臣，将空缺的官职补足。

比如袁可立、邹元标、王德完等敢于向皇帝直言不讳的大臣，都被朱常洛召回。光宗所做的可以说暗示着新的政治局面的产生。但是郑贵妃却始终都是朱常洛防不胜防的威胁。当年他没有勇气追查郑贵妃对自己的陷害，还时时拿先皇为由，善待郑贵妃。神宗临死前留下遗言，让朱常洛封郑贵妃为皇后。

神宗去世的第二天，朱常洛立刻传谕内阁："父皇有遗言：'我的母亲皇贵妃郑氏，侍候朕已经很多年了，勤劳茂著，今册封为皇后。'诸位爱卿可以传达给礼部，查阅历朝案例。"当时神宗、王皇后和朱常洛的生母都已不在世，如果立郑贵妃为皇后，今后就会成为泰昌朝中掌权的皇太后。

礼部侍郎查阅后，发现历朝历代没有这样的例子，朱常洛有生母，怎么能立郑贵妃为皇后呢？朱常洛内心里也觉得有些难为情，于是才压下奏疏，收回了将郑贵妃封为皇后的成命。如果我们顺着朱常洛遵循神宗遗愿的做法继续假设，朱常洛封郑贵妃为皇后，当初郑贵妃对他设计陷害，朱常洛并没敢细细追查，如果郑贵妃真的被册封为皇后，一定会设法干政，今后再成为泰昌元年的皇太后，明朝更是会被这个具有政治野心的郑贵妃掌控，到时候朱常洛这个皇帝更是名存实亡了。

说点局外事

朱常洛继位后，他的儿子朱由校和李选侍都迁居乾清宫，在朱常洛去世后，乾清宫就被李选侍一手控制了，还和宦官魏忠贤合伙挟持朱由校，为了当上皇太后的宝座，她把持朝政大权，她的做法遭到了大臣们的反对。朱常洛去世当天，杨涟、刘一燝等大臣直接赶往乾清宫，要面见圣上，商讨即位的大事，李选侍又开始想尽办法阻挠。

后来在大臣们据理力争下，李选侍才答应让朱由校与大臣们见面。杨涟和刘一燝等大臣们见到朱由校就立刻叩头高呼万岁，还保护朱由校去文华殿接受群臣的参拜，并定于当月六日举行登基大典。

李选侍本打算挟持朱由校，结果计划失败，接着大臣们又强烈要求李选侍立即搬出乾清宫，李选侍坚决不同意。李选侍还要求朱由校册封自己为皇太后，然后让朱由校继位，又遭到了群臣的反对，就这样矛盾在一天天激化。五日，眼看着朱由校的登基大典的日期就要到了，李选侍仍然没有移出乾清宫的意思，内阁的大臣们都站在乾清宫门口，力图逼迫李选侍搬离出去。陪伴朱由校读书的太监王安在宫内奋力驱赶，李选侍无奈之下只能抱着自己的八公主离开了乾清宫。九月六日，朱由校御奉天门，正式即位，并改年号为天启元年。

红丸案

明光宗朱常洛仅在位一个月，人称"一月皇帝"。他不仅是历史上在位时间最短的皇帝，也是明朝时期最郁郁寡欢的皇帝。朱常洛是万历帝的皇长子，应该得到皇帝的宠爱才是，恰恰相反，他是皇帝最不宠爱的儿子。

他在万历帝心中的位置离不开他的亲生母亲王氏，朱常洛的生母王氏是宫中的一名普通宫女，朱常洛的母亲地位很低，万历帝只是一次偶然临幸了王氏，之后才生下了朱常洛。万历帝最钟爱的是朱常洵的母亲郑贵妃，爱屋及乌，万历帝想要立郑贵妃的儿子朱常洵为太子，但是他的母亲李太后和群臣都对他施加压力，才在万历二十九年（公元1601）十月将朱常洛立为太子，当时朱常洛已经20岁了。朱常洛身为太子，但是身边的危机却时刻存在。在他登基之前，有传言关于立太子的妖书案和巫蛊案、梃击案。朱常洛就是在这样的环境下生活的，万历帝驾崩，朱常洛继承皇位，终于胆战心惊地等到这一天，他已经39岁了。

朱常洛刚登基没多久，郑贵妃立刻就笑脸相迎，再没有了从前的傲慢和敌对的目光，还特意讨好他，否则今后的日子就不好过了。万历帝去世了，没有人宠爱她了，于是她就不断发现光宗的弱点，然后投其所好。后来他看出光宗贪恋美色，于是就挑选美女献给光宗。据说郑贵妃一次就献给光宗八位美女。光宗的身子弱，从小神宗就不喜欢他，万历帝丢下个烂摊子就撒手人寰了，但光宗整天批阅奏章，再加上沉迷美色，很快身体就支撑不住，卧病在床。

就在光宗体虚病弱之时，御医崔文升竟开了一剂大黄给光宗服下，一个晚上光宗连续腹泻了数十次。在服药之前，光宗还勉强能够上朝，服下崔文升的"通利剂"反倒下不了床了，更别说上朝了。辅佐大臣方从哲向光宗问安，光宗已经好几晚都没有睡过好觉了，每天连粥都喝不下去，头昏眼花，浑身无力，也不能下床活动。

崔文升原来是郑贵妃手下的心腹太监，光宗卧病在床，崔文升为光宗送上的药反而让光宗的病情越来越严重了，一时间舆论沸沸扬扬，难免不让人怀疑崔文升是郑贵妃指使的，想要加害于皇上。

这个时候，给事中杨涟向皇上弹劾崔文升对皇上用泻药，还说皇上是因为纵欲过度才会导致身体虚弱。于是光宗召见杨涟和诸位大臣们，大臣们以为皇上要杖打杨涟，但光宗只是对大臣们说，万事要以国事为重，要尽心为国效力，不可随意听信宫中流言。光宗的病情始终没有好转，反而病的更加严重，他再次将方从哲等人召集到东暖阁，连同皇长子和皇五子等人也一并召集过来，光宗命大臣们站得近些，对大臣们说："朕今天看到你们真的很高兴。"诸位大臣请皇帝谨慎用药。

光宗知道自己的病情越发严重，于是将大臣召集到乾清宫，交代立太子和建陵墓等事。交代完后，光宗心里还抱有一丝希望，于是问："不是说鸿胪寺有人要进药吗？他人在哪里？"方从哲回答说："鸿胪寺的丞相李可灼他称自己能够炼制仙丹，但是臣不敢相信。"光宗听后立刻传唤李可灼。

李可灼详细陈述了病的源理和治疗的办法，光宗听后万分激动，于是命他快快进药。大臣们担心皇上再擅自用药会出什么岔子，于是纷纷退出和御医商量。辅臣刘一燨说："我们家乡有两个人服用过这种药，好坏一半一半。"大臣们都你看我我看你，没能拿定主意。刘一燨老家在南昌，他既然说他的家乡有人服用过这种药，就说明红丸药并不是什么所谓的仙丹，拿来给皇帝治病也只能说是看运气了。刚过一会儿，光宗又叫人快快催药，李可灼将调制好的红铅丸进上给皇帝服用。光宗之前喝水都会气流不顺，服用这丸药之后，中官传话说："皇上服用红丸药后觉得身心舒畅，想要吃点东西了。"大臣们纷纷欢呼，以为皇帝的病吃了这种药有希望了，于是都回去了。李可灼和御医都没有走，留下来侍候朱常洛，一直到中午。

黄昏时分，李可灼出来对御医说："皇上担心药效不够，想要再服一丸。"御医们说用药不能接连太快，用药过量对身体也是具有副作用的。但光宗一个劲儿地催药，李可灼只能再去调制，制好后给光宗服下，于是李可灼退出。大臣们赶忙问皇帝觉得怎么样，回答和之前一样。到了第二天早晨，宣召时间到，诸臣都赶了过来，光宗却已经从凌晨就离奇去世了，当天是八月三十日。

局势分析

"红丸案"，因为光宗服下的是红丸药而得此名，可这红丸到底是什么东西呢？红丸药是由红铅、人乳和辰砂炮制而成的。据说"红铅乃妇人之经水，阴中之阳，纯火之精也"。而之前崔文升为光宗进上的大黄则性寒，红丸性热，两者恰巧相反。崔文升先给光宗服下大黄，李可灼又给光宗进红丸，光宗的病情本来就命悬一线，如此折腾怎么会不危及性命呢！

从这件案子上来看，红丸药即便是不进，光宗的身体情况也未必能够过得了这一劫，光宗在服用红丸药之后更加速了光宗的病情。然而光宗去世的时候才39岁，正是盛年时期，虽然他体虚多病，但也没有什么大病，只不过是偶尔生个小病，也不至于危及到性命。因此导致光宗死亡的最根本原因就是崔文升为光宗进上的那一剂大黄，而郑贵妃为光宗献上美女在前，崔文升进大黄在后，加上崔文升曾经在郑贵妃身边做事，有这层关系，郑贵妃也难以扯清关系。

"红丸案"是在万历帝怠政期间，光宗本来要继承皇位，对辽东的将士发放军饷，减少赋税，将缺少的官员补上，扫除万历帝弊政，重新振兴国家的威严。结果却仅在位一个月就撒手人寰，丢下自己的儿子，宦官掌权，皇权分散，最后终究还是让阉党算计，误国误民。

皇帝在弥留之际再册立皇后，这个婚礼由谁主持？

太子朱常洛就做了这么一件事，但是他福厚命薄，只在皇位上坐了29天就去世了，他立年仅16岁的朱由校为太子，朱由校即位后，将祖母王贵妃追封为孝靖太后，将埋葬在东井的棺椁迁了过来，将她与万历帝合葬在定陵玄宫，也算是终成眷属了。

当年最受宠的郑贵妃比万历帝多活了十年，但是她被臣民视为红颜祸水，朝中没有任何一个大臣同情她。在万历帝去世后的十年里，她一个人孤单地住在紫禁城，她的儿子福王在所封之地，两人常年都不能相见，母子分离的痛苦也让她尝尽了人间疾苦。公元1630年，郑贵妃去世，她绝望中又带着对万历帝的怨恨离开了人世，在银泉山继续这死后的凄凉。

雄才大略的熊廷弼

熊廷弼（公元1569年—公元1625年），公元1569年生人，明朝末期的伟大将领。字飞百，号芝冈，明朝时期湖广江夏（今湖北武昌）人，中国古代著名军事谋略家。从小他就聪明，又好读书，因家境艰苦，他只能边劳作边读书。万历二十五年（公元1597年），熊廷弼参加了乡试，第一年考中第一，接连第二年考中进士。二十七年（公元1599年），被授予保定（今河北）推官。这段时间内，许多冤假错案都被熊廷弼一一解决，政绩卓越，万历三十三年（公元1605年），被提拔为工部屯田司主事，负责营造事物的管理。

万历三十四年（公元1606年）八月，在辽东负责镇守的总兵官李成梁主动放弃了方圆八百里的疆土，包括宽甸等六堡，还让这里的六百多户百姓向内迁居。万历三十六年，李成梁遭到大臣弹劾，熊廷弼被授予巡按御史官职负责处理这件事，他经过详细考察，认为李成梁基本构成死罪。他对辽东地区的地理形势进行勘察，对敌我的情况也做了详细了解。接着他提出了一个策略——保卫辽东要"实内固外""以夷攻夷"。

熊廷弼在担任巡按一职期间，为了能够实施这一策略，修建七百余里的边墙、七座城池、一百余座墩台，还有十七所粮仓以及在三年时间内囤积的三十万石粮食。与此同时，他同样注重军队的整顿，调整军队作风，制定严明的军纪，提高军队的作战能力；致力于和叶赫部、蒙古族改善彼此之间的关系，还给努尔哈赤施加了很大的压力，知道明朝的军事力量在不断增强，最后只能退让，并将明朝土地归还，和明朝重归于好。辽东的局势也因此得到了改善。

但是，万历三十九年（公元 1611 年）六月，熊廷弼担任南直隶督学御史，自从他离任之后，保卫辽东的策略也逐渐降低了实践性。万历四十一年（公元 1613 年），熊廷弼由于杖死了秀才芮永缙而被罢免职务，之后他回到了老家。他把家产全都卖掉了，在当地修建了长达四十一里的长江堤防，还建造了一座石闸防止汛情，使当地免受洪涝的影响。熊廷弼为家乡人民所做的这些措施，得到了百姓们的拥戴。

万历四十七年（公元 1619 年）三月，在萨尔浒大战中，明军损失惨重，大败而归。当时熊廷弼被任命为大理寺丞兼河南道御史，赶往辽东进行慰问。到了六月份，他又被任命为兵部右侍郎兼右佥都御史，负责辽东地区的防御工作。在此期间，熊廷弼将正要逃跑的李尚皓抓捕；接连又将逃跑的将领刘遇节处决，从此没有人再敢动逃跑的打算，也算是稳住了军心。他屡次向皇帝上书，恳请朝廷能够多加派一些将士，多配发一些军事兵器，为军队增加战马，为了震慑后金，做出进军的假象，后金也不敢轻易侵犯辽阳。

他找准时机，不断加强对辽阳的城邑防御建设，加固加高城墙，另外还在城外挖掘了三道战壕，每一道都有三丈宽，两丈深，中间灌入河水。过了几个月，辽阳在他的治理下变得高大坚固，明军在他的整顿下，军事实力也在不断加强。

熊廷弼还不断扩大防御面积，万历四十八年（公元 1620 年）四五月期间，他还亲自监督修建沈阳和奉集的城邑防御，让总兵官贺世贤带领三万人驻守沈阳，柴国柱率两万人驻守奉集。他刚刚部署没多久，努尔哈赤就率军侵犯，兵分两路向沈阳和奉集发动进攻，还好熊廷弼有先见之明，提前部署好，努尔哈赤侵犯军被贺、柴两人的军队击败。八月，努尔哈赤没有善罢甘休，又来侵犯沈阳，熊廷弼亲自指挥作战，击退了后金军，辽东大局稳定。

虽然局势稳定，但是熊廷弼的做法涉及到一些权贵的利益，于是遭到弹劾，于光宗元年被免去职务。熊廷弼免职后，由袁应泰接替他的职务。没想到只过了短短几个月，沈阳、辽阳就失守，于天启元年（公元1621年）三月被后金攻破，袁应泰自杀。直到这个时候，朝廷才知道熊廷弼的重要，熹宗见局势越来越糟，于是决定召回熊廷弼。

但当时的形势已经不同于从前，后金已经将三岔河以东全部占领，河西的百姓也都开始恐慌，都逃向关内，广宁几乎没剩下什么人了，只有老弱病残凑成的千余人。在这样的局势下，熊廷弼情急之下为收复辽东制定了一个策略——"三方并进"（或者称为三方布置策）。

天启元年（公元1621年）六月，熊廷弼将制定的策略付诸实施，但是这个策略并不像他想象的那样顺利进展。

首先调兵没有按照计划赶到，二是广宁巡抚王化贞太过轻视敌人，没有按照计划落实。王化贞对军事一窍不通，不想积极投入作战，还认为想要收复辽、沈，只要消灭蒙古军，抓住叛将李永芳就能解决问题。他认为努尔哈赤只是在辽阳暂居，再者城内的防御兵力较弱，一旦出兵，不仅对自己不利，还会将"三方并进"策暴露给敌人，因此反抗就会因此遭受惨痛的代价。

熊廷弼反对王化贞的做法，但有人支持王化贞，兵部尚书张鹤鸣和首辅叶向高都对王化贞的做法表示赞同，虽然熊廷弼的职位高于王化贞，但王化贞仗着兵部尚书和首辅的支持就不听命于熊廷弼，王化贞拥有十四万兵马，而熊廷弼没有兵权，身边只有五千护卫兵。熊廷弼常常恨自己没有兵权，加之有时候说话会容易中伤他人，也因此官僚都倾向了王化贞，反对熊廷弼，正因如此，熊廷弼的"三方并进"策很难实施。

天启二年（公元1622年）正月，努尔哈赤的大军向河西迈进，他们兵分三路，对河西之地势在必得。很快就渡过了辽河，将西平堡攻破。王化贞知道西平已经沦陷，于是便毫不犹豫地派出守卫广宁和闾阳的三万军队抵挡后金，结果三万军队很快就被消灭。这时王化贞慌了神儿，竟然不顾广宁的安危，弃城而逃。广宁就此失守，明军没有去处，于是熊廷弼就退到了山海关，然而王化贞也因无路可走躲到了关内。努尔哈赤的军队来势汹汹，将山海关外整个辽东全部占领了。京城接到这个消息，大为愤慨。于天启二年（公元

1622年）二月，明朝政府逮捕了王化贞和熊廷弼，经过大理寺和刑部审判，决定将二人判处死刑。天启五年（公元1625年）八月二十六日，熊廷弼被处决，还被传首九边，借此告诫临阵脱逃的将士们。熊廷弼不仅自己遭到处决，他的全家也因此受到了牵连，妻子跪在衙门接受审判，长子熊兆珪被逼无奈自杀身亡，女儿熊瑚吐血而死。

熊廷弼之所以被处决并不都是因为辽东失守，还有就是遭遇阉党的暗算。天启初期，东林党与阉党之间的斗争日益激烈。天启四年（公元1624年），东林党左副都御史掀起了一场反阉党斗争，第一个被弹劾的就是宦官魏忠贤，他将魏忠贤二十四条罪状一一列出呈上朝廷，一时间，东林党和阉党之间的斗争拉开帷幕。魏忠贤暗地里诛杀东林党人，还诬陷东林党人收受贿赂，将熊廷弼也牵扯进来。他将失守边疆的罪名推到他们头上，接着就编造伪书《辽东传》陷害熊廷弼，首先拿熊廷弼开刀，对东林党人大肆残害。

崇祯元年（公元1628年），魏忠贤垮台，官员们都上疏朝廷为熊廷弼抱不平，明思宗决定为熊廷弼平反，谥襄愍，还允许将其尸体葬回故乡。

局势分析

学者对熊廷弼有更明确的评价，阎崇年认为熊廷弼在防御辽东有功，在防御策略上有方，但也有功有过。虽然皇帝器重他，对他委以重任，他的三防布阵也得到了认可，但是在实施上却被困住了手脚。就算王化贞没有拖后腿，广宁（今辽宁北镇市）的失守也是必然的。

在广宁失守的时候，后金还没有进攻广宁，当时孙得功哗变，"守御之具甚备，即贼至城下，未必可攻而入也。"熊廷弼在军中是很有威信的，虽然只有一支五千护卫兵，但可以镇压乱兵。再者而言，即便广宁确实守不住了，如果如同王化贞所说的，守卫宁前（宁远、前屯），后金的军事力量也是有限的，不能拉长战线，因此辽东地区未必就能沦陷。但是在这个时候，熊廷弼却只是冷眼看着王化贞出丑，还把物资都销毁了，引领数十万大军退到了山海关，没有和后金搏斗，因此，后金轻而易举就拿下了辽东地区，也成为了魏忠贤的党羽陷害熊廷弼的话柄。

说点局外事

李成梁（公元 1526 年—公元 1615 年），字汝契，号引城，家乡在辽东铁岭（今辽宁铁岭），是明朝末期的一名将领。在辽东镇守了 30 年，在此期间，他曾先后打赢了十场战役。李成梁晚年和努尔哈赤交往甚密，曾经想过依靠努尔哈赤的兵力攻打朝鲜，想要自立为王。在驻守边境期间常常敷衍了事。努尔哈赤一旦表明忠心，就"保奏给官"，甚至是"弃地以饵之"，后来遭到宋一韩和熊廷弼等朝臣的弹劾。因此建州势力不断在辽东扩张，和李成梁的庇护是分不开的。

之后由于野心太重，恃宠若娇，于万历三十六年遭到弹劾，被罢官。万历四十三年去世，享年 90 岁。

第六章　穷途末路中危机四伏

神宗驾崩后，明光宗即位，他沉迷于酒色，在位仅一个月就去世了。明熹宗即位，他喜欢制造木器，但朝中也不得安宁，宦官魏忠贤弄权且作恶多端，加上官僚阶级也因为各种原因而出现内部争斗，明王朝岌岌可危。

不爱江山爱木工

朱由校（公元 1605 年—公元 1627 年），公元 1605 年生人，是明朝末期的一位皇帝，年号为天启。朱由校是皇长子，明光宗在位的时间最短，仅仅二十九天，后陷入"红丸案"中。朱由校在"移宫案"当中被众臣拥护登上了皇帝的宝座。他坐在这个位子上七年，由于过度玩乐而落下了病根，后来服下了"仙药"后离世，终年二十三岁，谥号熹宗，被安葬于德陵（今北京市明十三陵），这座陵墓是明朝时期营造的最后一座皇家陵墓。明熹宗有三个儿子两个女儿，但还没有长大就纷纷夭折，因此最终没有子嗣，遗诏上面写着，皇位由五弟朱由检继任，就是明朝的最后一任皇帝崇祯。

天启帝时期，经历了内忧外患，后金的势力威胁着大明王朝的疆土，朝中内部矛盾也在愈演愈烈。他整日玩世不恭，却单单对做木匠有着浓厚的兴趣。只要是一天没有摸斧头、拿锯子就会觉得很不自在。只想着能自己做出一张桌子，一把椅子甚至建造整个宫殿，但是他对政务却不闻不问，整天一头扎进木堆里，被人称作"木匠皇帝"。

天启帝虽然天性爱玩，但是他喜爱做木匠也绝不是做做而已，他所做的木匠水平很高，手法也很娴熟，他从小就喜欢做木匠，也具有很高的天分，他始终沉迷于这件事，刀锯斧凿油漆都是他的拿手活。许多木匠见过他的作品都佩服得五体投地。传说无论什么东西，只要使他见过的，他都能够做出来。

刀锯斧凿、丹青揉漆的活他都要亲自制作，迷恋得几乎到了废寝忘食的程度。但无论什么物件，只要经他之手，漆器、床还是梳匣都被他做得精致华丽，堪称绝妙的好手艺。

史书上记载着：明代天启年间，木匠们所做的床既不美观又笨重，需要十个人左右才能抬动，而且做工粗糙，用料多，样式普通。对此熹宗开始着手设计图样，亲自钉板，很快，短短一年就做出了一张既美观又大方，而且携带还很方便的一种折叠床，床架上面雕刻着精美的彩色花纹，工匠们看过之后都惊叹他的手艺。他还善于用木材制作玩具，他所做的小木人惟妙惟肖，形似真人的神韵，连动作都制作得相当细致。熹宗把制作好的作品让人拿到集市上贩卖，他的作品的确很受欢迎，许多人都想要花高价买下来，熹宗知道后非常高兴，做木工的动力更大了，常常半夜不睡觉专心研究制作更好的木工作品。

熹宗做漆工是一绝，无论是配料还是手工制作的部分，都堪称精致绝伦，他对自己的作品也比较满意。所做的物件有男有女，高两尺左右，有双臂没有腿，涂上五颜六色的油漆，人物色彩艳丽栩栩如生。在每一件人物作品平底安装一个拘卯，用一根长竹板支撑，还有一个用长宽均为一丈的方木池，里面装有七分满的水，水中放一些鱼、虾蟹，再放入一些萍藻做点缀，方木池被小凳子支着，用朋纱围城屏幕，作支撑的竹板就在围屏之下，在屏障后面拖拽，使其形成一个戏台。艺人在后面根据剧情的发展操纵者小木人的动作和话语，当时宫里时常会上演一些戏本，比如《三保太监下西洋》《东方朔偷桃》《八仙过海》《孙行者大闹龙宫》等，在装扮上都新奇多样，在扮演上也运用巧妙，人物性格很鲜明。

熹宗喜欢制作木头工艺，他的每件成品都做工巧妙，他让人将装水的大缸盛满水，盖到一个木桶上，在大缸下面打上几个小洞，和桶底想通就形成了水喷。然后将小木球放在喷水的小孔处，启闭灌输，水从小孔喷出，击打木球，木球开始长时间迅速旋转，妃嫔们看了纷纷为熹宗喝彩。

　　熹宗还喜欢建筑房屋，喜欢亲自设计一个精致巧妙的房屋。当建筑完成后，他非常高兴地跳起来，自己觉得满意，欣赏完之后就立即拆掉它。每当他有很高的兴致，就会无所顾忌地脱下衣服，一头扎进他的木质工艺世界，完全不理会朝政大事，这就让有名的大奸臣魏忠贤钻了空子，每次他见熹宗正在投入削木引绳的时候，他就拿着公文到熹宗面前，等待批示，熹宗兴趣正浓，见到公文便会觉得扫了兴致，于是便不耐烦地说："我知道了，你只要尽心尽力照章处理了就是。"

　　明朝时期的旧例提到，凡是朝廷上的奏折都必须由皇帝本人亲自受理批示；如果是例行文书，就要交给司礼监代理批示，还要写上遵阁票这几个字，也或者奉旨更改，还要拿朱红色的笔批示过才行，也被叫作批红。

　　熹宗把注意力全身心放在木工制作上，整日里都一心研究木器房屋的设计图纸，国家大事一律不过问，因此全都交给魏忠贤处理，魏忠贤也就趁这个机会排斥与自己对立的人，他专权持政，断送了大明王朝的未来，然而熹宗却从来都不知道。熹宗是一名优秀的木匠，但是他身为一个皇帝，没有治理好国家，反而让明朝的逐渐衰退，使百姓民不聊生就是他这个一国之主的罪过之处了。

局势分析

　　魏忠贤正是功名得意之时，大肆谋害异己，不仅如此，他还对贫苦的百姓进行剥削，人们生活疾苦，政治腐败，此时明朝末期爆发了一场大规模的农民起义，山海关又有后金的势力不断逼近，明朝即将迎来了它的末日。

　　当时明朝面临着内忧外患的困扰，社会矛盾极其严重，最主要的还是辽东后金的军事威胁。熹宗又遭谗言蛊惑，分不清是非对错，在他即位以后就将辽东经略熊廷弼罢免，使得沈阳、辽阳都被后金攻克，辽东当时的局势非常紧张。

　　天启元年（公元1621年）三月，辽东始终不能平定，于是朝廷才决定重新启用熊廷弼，任命他为辽东经略。熊廷弼在详细了解辽东的当时情况后制定出了一个三方布置策，但是他手里并没有兵权，真正掌握辽东兵权的王化贞却不听熊廷弼的口令，擅自下决定，用鸡蛋碰石头这种没有头脑的战略。熹宗没有决断力，总是优柔寡断，听信谗言没有主见，对经、抚之间的争斗不能作出明确的决断，后金将士身强体壮，再加上连续变换战斗策略，使广宁和周围的40余座城都被攻陷。朝廷内部阁党的暗箱操纵下，熹宗将提出正确的战略决策的熊廷弼杀了，对朝廷忠心耿耿的孙承宗和袁崇焕也受到熹宗的猜忌，都被罢免职务，辽东的战略局势更是四面危机。

八月十一日，天启帝弥留之际将弟弟信王朱由检召入榻前说："来，吾弟当为尧舜。"任命他继任皇位，第二天，将内阁大臣黄立即召来，对他说："昨召见信王，朕心甚悦，体觉稍安。"不久，天启帝在乾清宫去世。

说点局外事

熹宗做木人做的不亦乐乎，看戏更是兴趣十足。

每逢冬季来临，西苑的池水结了一层厚厚的冰，熹宗就让太监们和他一起在冰面上游戏，熹宗为自己制作了一个小拖床，床的前后各钉有一个小钩子，这张小床只能一个人睡，床的表面涂上红色的油漆，还设有一个顶棚，在床的周围系上红绸缎作为围栏。熹宗就坐在这张小拖床上，让太监们拉住牵引的绳子，后面的人负责推床，太监们一起用力，拖床就能快速行驶起来，一转眼就能滑出很远。

威震辽东竟成千古奇冤

袁崇焕（公元1584年—公元1630年），公元1584年生人，字元素，出生在广州府东莞石碣镇水南乡的一个商人家庭，是明朝时期著名军事家。到了万历三十四年八月的时候，22岁的袁崇焕在科举中考中了举人。想要考取更好的成绩，于是再次赶考，之后，他又先后五次赴京赶考，但都落榜了，这让他非常失望。直到万历四十七年的时候，袁崇焕再次赴京去参加会试，这次的他终于考中了进士，被授予了福建邵武知县。袁崇焕在任期间，积极整顿吏治，为当地的百姓断狱雪冤，刚正不阿，因其尽心为民办事，深受当地百姓的爱戴。

天启二年一月，袁崇焕遵照明朝的规定，到京师朝觐皇帝并接受朝廷对官员政绩的考核。恰巧当时，辽东告急，伴随着广宁和义州相继失守，辽东的军事防线也面临着全面崩溃的危险。后金军势强大，致使京师满朝文武官员谈敌色变。就在当时的情况下，袁崇焕单骑出关，巡视了战前的形势。回京后，他向皇帝禀报了关外军事情况。并主动请缨去关外抗敌。到了辽东，他认真分析了当时的敌情，并且上书朝廷，朝廷经过了商议，都采纳了他的建议。并且派孙承宗前往辽东督战。

天启三年初，袁崇焕接受孙承宗的调命前往蒙古喀喇沁诸部，将沦陷的八里铺至宁远的失地全部收回。九月，袁崇焕接受命令驻守宁远城，并且构建关宁的防线。袁崇焕制定了全方位的部署，一边积极营筑防御工事，一面督率军民造械练兵，然后又开始垦荒屯田，充足粮草，他的努力终于使边关的危机形势得到了好转。十月的时候，袁崇焕回京复职，正好赶上父亲去世，他上奏朝廷还乡奔丧，但明熹宗不准奏，他只好放下孝道，选择了忠义，只得又重新回到了宁远。后来又赶上孙承宗因故调任，最终请辞，他接受朝廷命令管理辽东的军政事务。

天启六年一月，后金率军攻打明朝辽东地区，最终打到了宁远城。袁崇焕召集军中的将领进行商议，决定死守。经过了三天三夜与金军大战，终于守住了宁远城。这次战役中两军实力相差甚远，但明军在袁崇焕的带领下，灵活作战，最终以少胜多，取得明朝抗金的首次胜利，历史上称为"宁远大捷"。

天启七年五月，皇太极为了给父亲报仇，率领十万大军亲自西下进攻锦州。袁崇焕带领明朝军队死守锦州，可是面对敌我悬殊的军事实力，他挥刀写下血书激励将士，袁崇焕虽然身受重伤，血染战袍，但他坚持在城楼上昼夜督战。皇太极连番进攻但都没有成功，伤亡惨重，最终只得撤向了锦州，但锦州的守军凭借坚固的防守工事，再加上火炮利箭，全城军民拼死抵抗。经过将近一个月与金军的血战，明军虽然伤亡惨重，但还是保住了明朝的疆域。皇太极在这一战中也损兵折将，不得不退守到了沈阳。这是明军反抗后金侵略的第二次大的胜利,历史上称为"宁锦大捷"。这一年的八月,明熹宗驾崩,崇祯帝刚刚即位就把奸臣魏忠贤诛杀了。

崇祯帝即位以后,对袁崇焕委以了重任,并且赐给了他尚方宝剑。袁崇焕回到宁远城以后,开始着手管理边防事务,加紧练兵,期间,金军又攻陷了不少城池,袁崇焕开始招募士兵,积极备战。在备战期间,东江总兵毛文龙,自恃功高不听调度。袁崇焕亲自劝解,晓以大义,希望他能够有所收敛,恪守纲纪。但毛文龙不但不听,还公然分立军队,袁崇焕没有办法,罗列了他十二条理应斩杀的罪状,并召来他的部下晓谕说:"毛文龙犯下的罪该不该杀?"他们都惊慌失措,连忙回应。当时有人说毛文龙是历经辛苦的,袁崇焕斥责说:"毛文龙本是一个平民,现在为官极品,几乎满门都被加官晋爵,足以酬谢他多年来的辛苦,他现在竟然如此叛逆!"于是对着宝剑请圣旨说:"臣今天杀了毛文龙以重整纲纪,如果再遇到像毛文龙这样的将领一样诛杀。臣如果不能成功,皇上也可以像杀毛文龙那样杀掉我。"说罢他取出尚方宝剑,在帐前将他斩杀了。出去后对他的将士说:"我只杀了毛文龙,其他人无罪。"

袁崇焕将斩杀毛文龙的详细情况亲自上报,崇祯得知这个消息后万分震惊,但是想罢毛文龙已经死了,现在只能依靠袁崇焕,于是对袁崇焕嘉奖。没过多久,崇祯下旨公开毛文龙的罪行,为了安定袁崇焕。

毛文龙死后,经过了三个月,清兵有数十万兵马向龙井关、大安口涌进。袁崇焕得知消息,立刻督促祖大寿,和何可刚等赶往京城。十一月十号赶到了蓟州,经过了抚宁、永平、迁安、丰润和玉田等城,都派兵在此守卫。崇祯得知他们要赶过来的消息很高兴,下旨奖励将士们,让袁崇焕统领各路援军。

后来听说赵率教战死沙场,遵化和三屯营都已经被攻克,巡抚王元雅、总兵朱国彦自尽。崇祯二年十月,皇太极又亲率十万大军卷土重来,他绕过袁崇焕驻守的山海关直接进入了北平。后来袁崇焕临危受命,带领自己的军队救援,统领各镇援兵指挥战斗。十七日,袁崇焕见敌情严重,就没有顾忌到明朝律法:非禁卫军不得入京畿的禁忌,率领九千骑兵直接到达了广渠门外。二十日,袁崇焕与祖大寿带领军队与金军奋战了一整天,让金军败退到三十里之外。后来，经过多日的战斗，皇太极发现强攻不下，于是假作"议和"之态，暗中施行了"反间计"。他命手下的将领假扮袁崇焕和皇太极秘密商量事宜，让俘虏的太监窃听，又故意让太监逃脱，逃脱的太监回去之后就将此事报奏了崇祯皇帝，崇祯帝竟然对此事深信不疑。本年十二月一日，崇祯帝找借口召回袁崇焕，并指责他"擅杀毛文龙"等事，将袁崇焕逮捕入狱。

崇祯三年一月，后金兵力连遭重创，皇太极只得将大军撤回沈阳。八月的时候，崇祯帝就将袁崇焕以"咐托不效，专恃欺隐，以市米则资盗，以谋款则斩帅，纵敌长驱，顿兵不战。及至城下，援兵四集，尽行遣散。又潜携喇嘛，坚请入城"等罪名施以磔刑（即肢解）。一代名将就这样被冤枉斩杀了。袁崇焕在行刑前，大声喊出了自己的临终遗言：一生事业终成空，半世功名在梦中。死后不愁无勇将，忠魂依旧守辽东。

袁崇焕的兄弟和妻子也被流放到三千里的蛮荒之地，还抄了他的家，袁崇焕没有儿子，他为官清廉，也没有什么多余的财产，全天下的人都为他的死感到冤屈。

袁崇焕本是一介书生，但在国家内忧外患、民族危难的时候，他弃笔从戎，挺身而出，肩负起了保家卫国的重任。他以自己的机智和勇猛多次打退后金军队的进攻，造就了历史上以少胜多的几次奇迹战役。但是他的一生却是悲惨的。他为了实现自己心中的民族大义，毅然接受命令，放弃了为父奔丧的责任。可就是这样一个心怀大义的英雄将领也抵挡不了小人的奸计陷害，最终落得入狱枉死。

袁崇焕刚被处死，明军兵败，武经略全军覆灭。袁崇焕死后，边疆防御之事更是无人能治理，明朝灭亡也就到了无法挽回的地步了。

局势分析

天启六年（公元 1626 年）正月，努尔哈赤知道孙承宗被熹宗革职，于是趁机率领军队渡过辽河，二十三日，后金军到达了宁远，经略高第和总兵杨麟率领大部队在山海关驻守，反倒不去宁远救援。袁崇焕知道这个消息后，立刻写下血书，和大将满桂，副将左辅、朱梅，参将祖大寿，守备何可纲等将士一起立下盟誓，决心誓死守城。袁崇焕一边坚固壁垒，清除焦野，一边让程维模在内查出奸细，通判金启倧负责粮草，并将檄文传给前屯守将赵率教和在山海关驻守的杨麒，只要看到有将士逃到这里，直接就可以斩杀掉。

努尔哈赤把抓来的明朝百姓放回了宁远，还让他们回去劝袁崇焕尽早投降，袁崇焕立下了盟誓，决心和努尔哈赤决一死战，他不可能投降。接着努尔哈赤率领军队向宁远进攻，让将士们将盾牌举起来攻打宁远城的城墙。袁崇焕命罗立搬上西洋巨型大炮，猛烈攻打清军，在袁崇焕的指挥下，接连攻打了两天，清军损失惨重，于是努尔哈赤终于决定退兵。但是在点燃火炮的时候引起自燃，名将金启倧因此丧命。宁远城算是守住了，这场战斗胜利后，朝廷上下举朝欢庆，将袁崇焕提升为右佥都御史。

但从另一方面来看，清军大举进攻觉华岛，还杀死参将金冠和数万的百姓，袁崇焕保住了宁远城，而对觉华无能为力。宁远之战告捷，经略高第和杨麟因为没有派援军而被罢免了官职，后命王之臣和赵率教取代了他们的职位。

说点局外事

据说关宁铁骑是由孙承宗和袁崇焕共同组织的一支能够和清军八旗竞相抗衡的强大军队。但是在史册中却没有记载关于袁崇焕组织关宁铁骑的事，在梁启超所著的《袁崇焕传》和金庸的《袁崇焕评传》中也没有提及关宁铁骑。

然而吴伟业在清朝顺治九年著成的《绥寇纪略》中提到了"关宁铁骑"，但上面说的这支军队是由祖大寿的家将祖宽和堂弟祖大乐所带领的军队，在编制上不排除有夷人的成分。根据《明季北略》上记载，祖大寿将辽东和中国之间的降军夷人收编入这支队伍，编制成为一支作战勇猛，又能骑善射的强大军队。

《明史》中提及"关门铁骑"指的就是《绥寇纪略》中所说的"关宁铁骑"，但是所说的这支军队是专门清剿在河南一带侵扰的流寇的，并非袁崇焕带领的和清军对抗的骑兵军队。

内阁首辅被弹劾的一生

周延儒（公元 1593 年—公元 1644 年），公元 1593 年生人，是明朝时期的内阁大学士，内阁首辅。他小时候就天资聪颖，博览群书。万历四十年（公元 1613 年），他参加乡试中举，第二年又进京参加了会试，考取了会元，之后一月后参加殿试，夺取了状元。当时周延儒年仅二十一岁，连中二元的他常常被人夸赞，年纪轻轻就有如此才华，他身上所具备的荣耀被人们羡慕。按照惯例，周延儒夺取状元应当被任命为翰林院修撰。熹宗天启年，被提升为右庶允，专门管理司京局（管理经籍的机构）的一些事项。不久就被升任为少詹事，负责南京翰林院的管理。

天启七年（公元 1627 年）八月，明熹宗朱由校去世，朱由检继位。明朝当时的政治局面并不稳定，阶级矛盾也在日益激化，社会动荡不安，吏治腐败，农民起义军也随时爆发，边疆地区时常受到侵扰，形势相当严峻。当时崇祯帝年仅十七岁，他发誓要改变这样的局势。他杀掉了宦官魏忠贤，清除了阉党，还在全国招贤纳士。当时周延儒刚刚考取状元，备受朝廷重视。崇祯皇帝刚刚即位，就下诏让周延儒回京，又将礼部右侍郎的职务也一并给了他，此时的周延儒是身兼数职。

崇祯元年（公元 1628 年）冬，在宁远驻守的将士们因为拖欠军饷而引起了哗变，袁崇焕一个人将这场由将士引发的哗变平息了。但是没过多长时间，哗变转移到了锦州。袁崇焕无奈之下只能上奏皇帝请发放军饷。崇祯皇帝将大臣们召集到一起商讨关于发放军饷的事，大臣们意见不一，有人同意发放，周延儒深知崇祯皇帝尤其对钱财比较吝啬，于是应和着说："放在以前，边关是防御外敌入侵的，但是现在宁远和锦州的士兵们都引发了哗变，逼迫皇帝下发军饷。如果所有的边关战士都像他们这样，以后外敌入侵，我们拿什么去防御呢？"于是皇帝问他有什么办法吗？周延儒回答说："如果情况万分紧急，不到万不得已就不能发放军饷，但是这并非长久之计，所以我们得想一个办法。"他所说的话崇祯很赞同。几天后，面议时周延儒告诉崇祯说锦州之所以发生兵变是因为军事统帅无方才引发的，并非是冲着军饷去的。听了周延儒的话，崇祯也松了口气。从此以后，崇祯更器重周延儒了。

大学士刘鸿训罢官后，崇祯召集群臣商议从中推选几个人负责掌管阁臣。

东林党的钱谦益首先提名，还将他的门生给事中瞿式耜四处活动，结果吏部给出了一个十一人的名单，里面不包括礼部尚书温体仁和周延儒。按照惯例，礼部尚书应当提名，钱谦益说温体仁在朝中没有威望，没有提名的资格。但是皇帝很器重周延儒，但他却不在这张名单上，于是他非常气愤，到处散布说这次的推举阁臣事件全权被钱谦益一手操纵了；除此之外，温体仁心中也觉得委屈，为了报复钱谦益，他弹劾钱谦益在浙江乡试时作弊这件事不松口。崇祯看到名单上没有周延儒，心里顿时起了疑心，随后温体仁就向皇帝上奏，于是将这几个人都传到了文华殿面讯，在周延儒和温体仁两人的质问下，钱谦益一时间被问得哑口无言。后来钱谦益被崇祯罢官，和这件是有关的人也接受了惩罚，推举名单也就此作废了。

崇祯二年（公元1629年）十二月，周延儒通过礼部尚书东阁大学士这个身份接触内阁并开始参与机务。崇祯三年二月，被加封为太子太保，官职又升一级，提升为文渊阁大学士。同年六月，他推举温体仁进入内阁，三个月后，周延儒担任首辅，并加少保，还被提升为武英殿的大学士。周延儒的官职越升越高，可见他在崇祯眼里很受器重，但位高权重，就该想办法巩固自己的地位了。

高高兴兴当上首辅的周延儒想要改善和东林党之间的关系。崇祯四年（公元1631年），周延儒负责会试的主持工作，其中录用了东林党人张溥、马士奇、吴伟业等；但是被周延儒举荐的温体仁非常憎恶东林党人，于是和阉党勾结对付东林党人。两人在这件事情上意见不一，但温体仁从表面上假装奉承周延儒，但实际上他的首辅争夺战已经开始了，然而周延儒却丝毫没有察觉到。他还暗地里唆使言官弹劾周延儒。因此，无论周延儒怎么做都被说成是错误的。

他的子弟横行千里，有人弹劾他；朝中大臣犯了错误，还是有人弹劾他；他和官吏们相处得很好，有人弹劾他结党营私；就连和他结为姻亲的陈于泰考取了状元，还有人弹劾他徇私舞弊。周延儒非常无奈，曾经多次向皇上阐明一切都和他没有关系，崇祯虽然表面上安慰他，其实在心里早已经开始怀疑他了。无奈之下，周延儒于崇祯六年（公元1633年）称病辞职，告老还乡了。温体仁也达到了他的目的，继任了周延儒的首辅职务，从此更加嚣张跋扈，强烈打压异己，群臣都对他非常不满，五年以后才被罢免职务。

此后，由张志发、薛国观等任首辅治理朝政，朝纲被他们搅得更是一团糟，政治腐败。李自成和张献忠这两只农民起义军势头旺盛；边疆地区后金军又步步紧逼，明军屡次战败，崇祯心里倍感压力。崇祯九年，皇太极称帝，改国号为"大清"，对明朝的威胁甚大。这个时候崇祯又想起周延儒，觉得周延儒才是最适合辅佐自己，于是崇祯十四年二月，周延儒被再次坐回首辅的位子，加太子太师，并被升为吏部尚书、中极殿大学士。

自从周延儒重新担任首辅，他重视东林党人，还废除了许多从前存在的政策弊端，免除了欠税，罪行不严重的犯人被赦免，选出一些有威望的阁臣加以重用。百姓们的生活也逐渐安定，社会秩序也相对稳定了，所创出的政绩相当突出。崇祯对自己的决定更加肯定了，更加器重他了。崇祯十五年正月初一，崇祯举行朝贺之礼，群臣参拜，崇祯帝向周延儒揖拜，并对周延儒说："朕以天下听先生。"但是这世界上没有十全十美的人。周延儒缺乏谋略，又不懂军事；农民起义军此起彼伏，但他却找不到解决的办法。他不能慧眼识人，反而用人不当，为自己埋下了灾祸的种子：他曾经重用吴昌时专权朝政，还极度嚣张蛮横，朝廷中的官员都对他很厌恶，都向崇祯帝上书弹劾吴昌时仗势专权。

崇祯十五年十一月，清兵入关，逼迫京师赶往山东，一路上抢掠一直到达江苏沭阳。这件事震惊了明朝内外，被逼无奈，周延儒向崇祯帝请求督查军队。但是到了通州，周延儒在作战上并不积极，等清军撤退，后来朝廷接到捷报。清兵自行撤兵，周延儒凯旋而归，崇祯对他重赏，还加封太师，他的儿子也被封为中书舍人，赏赐钱财和蟒服。

但是五天之后，锦衣卫渠帅骆养性以及东厂太监向崇祯皇帝报告了周延儒怠战并谎报战功的事情。崇祯皇帝龙颜大怒，立即下诏将朝中百官传谕到一起"首辅周延儒奸贪诈伪，大负朕躬，着议处回奏"，周延儒又一次被罢免了官职。

不久以后，吴昌时由于贪污巨万，遭到御史蒋拱宸弹劾，这就使重用吴昌时的周延儒受到了牵连，给事中曹良弹劾周延儒，还罗列出十大罪。崇祯下令将吴昌时关押，并严刑拷问，前首辅大臣薛国关受贿，因为吴昌时的弹劾被罢免了官职，并赐死。薛国关的学生魏藻德和陈演决心要替老师报仇，开始对周延儒施加压力，锦衣卫渠帅骆养性再在此基础上更加一把火，崇祯下令将周延儒逮捕。周延儒本想让王应熊替他求情，但见到崇祯，还没等他说话就被勒令回去。周延儒被判流放，但崇祯没有同意。

崇祯十六年十二月，吴昌时被处决，周延儒也被赐死，终年51岁。

局势分析

周延儒是明朝末期的官员，他善于争权夺位，只要掌握一定的权力，他就不会想要为百姓做点事，在他心里只知道权力、地位和一己私利。历史上称之为"庸驾无才略，且性贪"。崇祯四年的那场科举考试，在这之前，他收受了他人万两钱财，使滥厕进士及第之列，居然还中了状元，顿时京城上下一阵议论。就连他任用的巡抚张廷拱、登莱巡抚孙元化也经常受贿。

吴执御带头弹劾周延儒，此后又相继有数十人弹劾他，崇祯皇帝把大臣们弹劾他的上疏一律留下，周延儒自然知道，可他依然"入直票拟"。在此期间他的子弟在乡里横行霸道，兄弟周宿儒借锦衣卫之名籍授千户，还将家人周文郁任命为副总兵，这些事情都让人们对他议论纷纷。但是周延儒并没有就此收敛，最后遭到温体仁的暗算，罢官回乡了。

崇祯皇帝刚刚即位的时候，把镇守的负责监视的太监都给撤销了，还罢去了司礼太监的权力，只将重任委托给朝中大臣。然而辽东一带和国内的硝烟仍未平息，战事也屡次遭遇失败，军饷匮乏。朝中的大臣竟然还在为门户斗得你死我活，根本想不出解决的办法，更有甚者竟然欺骗皇帝。从此崇祯开始重新启用宦官，派几个宦官分别负责对各镇进行监视。还令张彝宪负责管理户、工两部的财产和粮食问题。

此时温体仁开始私底下和宦官搞好关系，壮大自己的势力好将周延儒扳倒。太监王坤性情狂躁敢于直言，在温体仁唆使下，他上疏弹劾翰林院负责修撰的陈于泰，说他是"盗窃功名"，意在把矛头对准周延儒。给事中傅朝佑副都御史王志道言中官不应当弹劾宰相，崇祯非常愤怒，削去了王志道的职务。从此以后，周延儒更认定皇帝越发信任自己了，而对于王志道，就当是为此做出的牺牲吧！

说点局外事

吴昌时，字来之，是浙江秀水人，还有人说他是嘉兴人。天启四年（公元 1624 年），跟张采、杨廷枢、杨彝、顾梦麟、朱隗等十一名移中名士组织复社。崇祯七年（公元 1634 年）考取进士，官职做到了礼部主事、吏部郎中。荣祯十年，薛国娩因为犯下受贿罪，被吴昌时弹劾被罢免职务。吴昌时后来投靠周延儒，崇祯十四年，周延儒当上了首辅，吴昌时成为文选郎中。吴昌时和董廷献沆瀣一气，掌握朝政大权，两人合伙密谋毒害了张溥。

为所欲为遗臭万年

魏忠贤（公元 1568 年－公元 1627 年），公元 1568 年生人，原名李进忠，是明朝末期的宦官。他从小因为家庭贫寒，没有读过书，但是，却练过武功，左右手都能够挽弓搭箭，而且有不错的箭法。后来，他跟随继父改姓李，在 17 岁的时候，就已娶妻生子。他家境贫困但却嗜好赌博，由于赌运不佳，常常受到凌辱。

万历十七年（公元 1589 年）十二月，21 岁的魏忠贤为赌债所逼，在走投无路的情况下，自己净身，进宫当了太监。他先在司礼太监孙暹名下，后在甲子库办事，因为这里有些油水而逐渐富裕起来。善于钻营的魏忠贤通过太监魏朝的介绍，辗转投入秉笔太监王安的门下，并很快就取得其信任。

万历三十三年（公元 1605 年），神宗的长子朱常洛与选侍王氏生下皇长孙朱由校，魏忠贤被委派前去侍候王氏，并兼管小皇孙的伙食。那个时候，朱常洛虽然是皇长子，但是，却不得他的父皇的喜爱，迟迟都不肯将他册立为皇太子。所以，除了王氏被册封为才人外，她和小皇孙的命运并没有引起特别的重视。

侍候不受皇帝宠爱的主子，魏忠贤忠心耿耿，对朱由校更是细心照顾。然而魏忠贤进宫十六年后才从底层太监中脱身出来，他对自己的新主子自然感激涕零，而且忠诚有加。虽然那个时候王才人与皇孙不被人看重，但是，他却自始至终地精心侍候。小皇孙朱由校生性好动，爱看武戏，也爱舞刀弄枪、骑马射猎。他骑马、射箭的时候，魏忠贤总是紧跟在身边，小心谨慎地照料。并且，他还手把手地教会了小皇孙骑马、射箭。小皇孙想要什么玩具，魏忠贤也会千方百计地帮他弄来。

和明宣宗朱瞻基很像，一个喜欢斗蟋蟀，一个喜欢木匠活。然而只要皇帝有喜好对宦官来说就是好事，也因此就会有投其所好又爱钻空子的朝臣。魏忠贤就是这样一个人。

朱由校少年之后，因为父亲朱常洛的地位未稳，因此不受父亲、祖父的重视，迟迟都没能出阁就学，而此时他又对木匠活产生了强烈的兴趣。做木匠活的时候，魏忠贤也就成了他最得力的下手，总能将朱由校侍候得高高兴兴的。长年的耳鬓厮磨，这一老一小之间形成了一种说不清楚关系，这种关系亦主亦仆、亦亲亦友的关系。魏忠贤也正是凭着这一点博得了王才人的欢心，让他恢复了本姓，改叫魏进忠。

魏忠贤早在侍奉太监魏朝的时候，就结识了朱由校的乳母客氏。客氏原与魏朝相好，见到魏忠贤后便移情于他，与其"对食"。当时，由于在宫中值班的太监不能在宫内做饭，只能吃自己带来的冷餐，而宫女则可以生火，于是，太监们便摆脱与自己熟悉的宫女代为温饭，久而久之，宫女与太监结为相好，称作"对食"，与民间夫妇一样。

虽然朱由校幼年不受宠爱，但当前形势证明了皇位就应该由他来做。自他儿时，魏忠贤就始终负责照料他的生活，如今朱由校就要登上皇位，魏忠贤的翻身之日总算盼来了。泰昌元年（万历四十八年，公元1620年）七月，神宗朱翊钧因病去世。他在临死之前终于册封朱由校为皇太孙，而魏忠贤在宫中的地位也随之直线上升。八月，朱常洛继位，是为光宗。光宗朱常洛在位仅仅一个月就病死了。就这样，年仅16岁的朱由校继承王位，是为熹宗，改元天启。

人一旦权力膨胀就容易得意忘形。熹宗朱由校即位之后，因为自己的生母早逝，又没有嫡母，于是把乳母客氏封为奉圣夫人。这个时候，魏朝见朱由校即位，客氏得宠，为了争宠于熹宗，便开始与魏忠贤争夺客氏。由于在宫中喧闹，引起熹宗过问，熹宗最后做主将客氏指配给了魏忠贤。从此之后，魏忠贤与客氏合谋假传圣旨将魏朝发往凤阳，并随即派人在途中将他杀害。

就这样，两个人狼狈为奸，魏忠贤陷害有恩于自己的人，还派人将其杀害，这已经超出了他仅仅对权力的欲望，他还想要铲除一切对他不利的人。

天启元年（公元 1621 年）五月，朱由校任命王安为司礼监掌印太监。而魏忠贤在除掉了魏朝之后，他的权力欲望也跟着膨胀起来，他想取而代之。而当时的王安不但是司礼监掌印太监，而且更是顾命太监，他在移宫案中与外朝大臣相互合作，有非常高的威望。

朱由校即位之后，御史方震孺上疏，要求驱逐客氏。王安奏明熹宗，熹宗只好让客氏离开皇宫。但是，谁也没想到，熹宗根本离不开客氏，没过多久就又把她召回宫中。客氏身为朱由校的乳母，看着朱由校长大的，熹宗已经对她产生了一种依赖，所以客氏也心知肚明。她在经历这番打击之后，与魏忠贤的勾结更为紧密。他们在外朝官僚中找到魏忠贤的同乡，给事中霍维华，指使他弹劾王安。这个时候，熹宗朱由校依然沉迷于他的木匠活中，"朝夕营造"，"每营造得意，即膳饮可忘，寒暑罔觉"，而魏忠贤除了一味地投其所好之外，总是乘他做木工做得全神贯注之时，拿出奏章请他批阅，朱由校总是不耐烦地随口说："朕已悉矣！汝辈好为之"。这样，客氏和魏忠贤得以矫旨将王安降为南海子净军，不久，又派人将他杀害。

魏忠贤憎恨每一个对自己的权力和地位有威胁的异己，魏朝和王安就是典型的例子。

熹宗觉得在他做木匠活的时候，好些政务都是魏忠贤替他完成的，因此觉得魏忠贤有很大的功劳，对他也很是器重。天启二年（公元 1622 年），王安死后，熹宗将魏忠贤升为司礼监秉笔太监，并给他赐名"忠贤"。那个时候，东林党人在朝廷内阁中占据了一些重要的位置，而魏忠贤与这派官僚的关系还不算太紧张。

天启三年（公元 1623 年），魏忠贤受命提督东厂，权势进一步扩大。不久，顾秉谦、魏广微等被选入内阁。而顾秉谦和魏广微不被东林党所容，受到吏部尚书赵南星的极力排斥。而这时的魏忠贤也需要外朝官僚的配合，于是，不为东林派所容的官僚愤然地投靠了魏忠贤，他们很快就形成一个政治派别，也就是阉党。

阉党的形成使魏忠贤的羽翼更加丰满，因此一场不可避免的东林党与阉党之间的口水战最终爆发。天启四年（公元 1624 年）六月，杨涟疏劾魏忠贤，列数他迫害朝臣、迫害太监、迫害妃嫔等二十四条罪状。由此，魏忠贤为首的阉党与东林党的斗争终于公开爆发了。结果，魏忠贤依靠他和客氏摆布熹宗的能力而幸免于难，接着开始大规模地迫害镇压东林党人士。魏忠贤的同党把反对派官僚百余人列在一个名单上，称为邪党，而将阉党六十余人列为正人，以此作为黜陟的根据。七月，首辅叶向高被迫去官。十月，赵南星、高攀龙致仕，杨涟、左光斗削籍。

这场斗争持续了很长时间，波及的范围也非常广，同时也从口水战升级为陷害。天启五年（公元 1625 年）八月，辽东经略熊廷弼在菜市口被杀害，他的尸首分别送往九个边镇示众。八九月间，杨涟、魏大中、左光斗、顾大章等人相继死于狱中。

天启六年（公元 1626 年），魏忠贤又杀害了高攀龙、周宗建、黄尊素、李应升等人，东林书院被全部拆毁，讲学也告中止。十一月，在朝中素来都很有声望的袁可立也被魏忠贤排挤出朝，致仕归里。

当宦官容易，但是当一个阴险狡诈又见风使舵的太监不容易。做戏做全套，铲除异己也要制造好舆论氛围。因此魏忠贤在用刑狱对付反对派官僚的同时，还命其党羽编纂《三朝要典》，为打击异己制造必要的舆论。随着魏忠贤的地位不断提升，很多官僚都向他靠拢，协助他控制局面，打击异己。魏忠贤与客氏沆瀣一气、狼狈为奸，博得熹宗的极度宠信，被封为"九千岁"，他的主要党徒"五虎""五狗""十孩""四十孙"等遍布朝野。随着权势不断水涨船高，越来越多的官吏依附讨好他。这个时期，各地官吏阿谀奉承，纷纷为他设立生祠，就连辽东巡抚袁崇焕也积极参与其中，可见当时魏忠贤的气焰有多嚣张。

魏忠贤除了本人身兼司礼太监与提督东厂太监职务，晋封上公之外，他的侄子也封宁国公，加太师，他的族人中，仅荫封锦衣卫指挥使的就有十七人。当时，人都以"九千岁"称呼他，对他的雕像行五拜三稽首之礼，他权势可以说已经发展到了极点。

天启七年（公元 1627 年）八月，熹宗病死，信王朱由检即位，是为思宗。魏忠贤身为旧臣，不想着自己的好日子是不是有可能到头了，反而野心更大，还想控制朱由检，但是他的这个想法却没有得逞。九月，朱由检把客氏赶出了皇宫。十月，弹劾魏忠贤与魏党的奏疏开始出现。十一月，魏忠贤被免去司礼监与东厂的职务，谪守凤阳祖陵。魏忠贤大势已去，觉得自己罪孽深重，走到半路上就畏罪自杀了。至此，这个祸国殃民的奸臣终于得到了惩罚。

局势分析

朝中两大派官僚争斗日趋激烈。东林党派的大臣掌政，把与本派政见不同的朝臣们尽行驱逐。而东林党又痛斥宦官贵戚等，执政大臣们多上章弹劾客氏和魏忠贤二人，成为阉党这股邪恶势力的政敌。为此，魏忠贤处心积虑地要狠狠打击这批独掌朝政的人。在客氏不断唆弄下，熹宗渐渐从任用东林党人变为宠信宦官近侍。魏忠贤这班阉人得到皇帝信任后，乘机从中弄权，勾结外廷官僚；操纵朝中一切大权。于是，宦官专权的局面再度出现。与东林党作对的各派官员便纷纷投靠到魏忠贤门下，形成一个强大的潜流向东林党派的朝臣们冲荡过来，人们称其为"阉党"。阉宦得势，首辅东林党人叶向高于天启四年（公元1624年）被斥辞官。内阁中的其他东林党人也均遭罢黜。阉党顾秉廉升为首辅，控制整个内阁。魏忠贤又和锦衣卫都督田尔耕勾结，利用东厂和锦衣卫这两个特务机构牵制百官，镇压异己。把自己原有的旧党逐一提拔，把那些刚投靠来的新党逐一安排，里里外外全换了他的人。宫廷中有王体乾、李朝钦等30余人左右护卫簇拥。朝廷上文臣方面有崔呈秀、田吉等为之出谋划策，讲解起草诏书，时称"五虎"；武臣方面有田尔耕、许显纯等五个负责捕杀、镇压异党，号为"五彪"。此外，还有所谓"十狗""十孩""四十孙"的大小爪牙。朝廷中受重用属魏忠贤一党的人在社会上大都得到了此类的封号。从朝廷内阁六部直到各地方的总督、巡抚乃至于州县都是阉党之人，网络严密、盘根错节，势焰熏天。

说点局外事

客氏非常担心皇帝的任何一个妃子生下皇子受到熹宗的宠爱，到时候自己就会失宠。因此朱由校生下了许多皇子，但没有一个能够长成就夭折了。

熹宗曾有三个孩子，皇长子朱慈然，谥怀冲太子。天启三年（公元1623年），张皇后身怀有孕，就是朱慈然。但是张皇后在怀孕的时候突然觉得腰痛，于是就找了一个懂按摩的宫女或是找来宫外的人给她按摩，客氏就抓住这个机会，也是因为被魏忠贤利用了，找来的按摩师按摩完之后，张皇后就流产了，还生下了死胎，从此以后，张皇后没有再生育皇子。第二个儿子是慧妃范氏所生的，但还不到一岁就夭折了。第三个儿子慈炅由容妃任氏所生，也不到一岁就夭折了。有学者猜测，这很有可能是魏忠贤指使客氏做的。

有技难施的首辅叶向高

叶向高（公元1559年—公元1627年），公元1559年生人，明朝末期的大臣，万历末期到天启时期担任首辅大臣。出生于福清一个普通的平民家庭。父亲叶朝荣，曾任养利（今属广西）知州。叶向高出生时，正值我国东南沿海一带兵荒马乱，倭寇横行。叶向高的母亲身怀六甲，四处逃难，后来在路旁一个厕所中生下了他。出生后的叶向高更是，灾难频频，多次徘徊在生死边缘，幸运的是没有伤及性命。身在不幸的时代，使叶向高度过了一个辛酸的童年。也许正是由于生活环境的艰难，叶向高从小就乖巧懂事，在父母的催促之下，更是发愤读书，希望将来可以参加科举，步入仕途，立志出人头地。经过数十年的艰苦努力，万历十一年（公元1583年），24岁的叶向高在科考中一举成名，高中进士，被授予庶吉士之职。从此以后，叶向高的官宦海生涯就开始了。

神宗在位时期间，荒于朝政，贪图享乐，生活奢靡，历年国库积存的钱财都会被他挥霍一空。在金钱短缺的时候，神宗为了满足他自己无穷的私欲，还想着法子捞钱。

万历二十四年（公元1596年），神宗派出矿监，下令在各地开采银矿，并派出矿监专门负责其事。这些矿监每到一个地方，就逼迫那些贫民当苦役，致使很多农民丧失生计，而神宗下令所设的税使，更是设立各种名目，恣意剥削，百姓们苦不堪言。叶向高在目睹这些情形后，奏请神宗停罢矿监税使，给百姓们一条活路。但由于此事阻碍了一些人的利益，于是被扣压，没有向神宗报知。

公元 1598 年，叶向高被召担任皇长子侍讲学士，任命为詹事左庶子。不久，叶向高被提升为南京礼部右侍郎。几年之后，又被改任为吏部右侍郎。这个时候，叶向高再次上书请求罢免不合理的矿税制度和惩治作恶多端的辽东税监高淮，由于叶向高与首辅沈一贯主张有所偏差，最终以无果告终。

沈一贯被罢官后，神宗下令增补内阁大臣。万历三十五年（公元 1607 年）五月，叶向高被提拔为礼部尚书兼东阁大学士。第二年，由于内阁首辅朱赓去世，而次辅李廷机一直闭门不出，此后叶向高就便成了首辅。

神宗不理朝政的时期就在叶向高任宰辅时的日子。

神宗是一个昏庸无能，不理朝事的皇帝，长期不理政事。大臣之中甚至有挂空名不任职的事，有一些衙门甚至空无一人，也不增补官员。由于皇帝整日不上朝，大臣与皇帝多年难见一面，致使朝廷之中渐渐形成相互对立的党派。宦官更是仰仗皇帝宠信，目中无人，欺压百姓，倚重皇帝之权，耀武扬威，四处搜刮民脂民膏，天下为之所苦。面对江河日下的朝政，叶向高忠心耿耿，怎奈生不逢时，空怀一腔报国心。但是不甘沉沦，他要奋力一搏，为没落的明王朝奉献自己的力量。

万历三十五年（公元 1607 年），叶向高刚到内阁，就向神宗上奏，希望他能恢复万历初期的善政，使大臣们也能各就其位，各司其职，各行其是，改变当前的状况。神宗见到奏折，只是翻了几下并不理会奏疏。神宗早已无力理国事，无心爱臣民，心中已无国家，更无子民，只他关心的是自己糜烂腐烂的生活。叶向高在如此打击下，在五个月后便上交辞呈。

他说："我知道古来导致国家衰败的原因很多。但是还没有上下隔绝、内外背离到今日这种程度的。一旦有事变发生，朝廷内外有什么人可以依靠；哪项钱粮可供支付；哪处兵马可以杀敌；哪方百姓会对朝廷感恩戴德，效死于前呢？想到这些，怎能不令人寒心呢！"

叶向高上交辞呈后要走，可神宗并不放行。既然走不了，叶向高只好准备再待一段时间。过了不久，叶向高以考试官员，填补空缺之事又向神宗上书，提出了关于考选官员、填补空缺的问题。神宗却以要先审查为由将叶向高搪塞过去。叶向高再次不甘心就此罢手，他又上疏催促神宗尽快施行，不要再拖延了，神宗不闻不问，拒绝得更加彻底。

在接下来的几年中，叶向高的奏折为了这个并不算太苛刻的要求伤透了脑筋。他的奏疏一篇篇呈上去，但结果总是石沉大海，泥牛入海。神宗的态度是，朝廷既不补缺官，也不轻易放走在职之官。朝廷大员王锡爵至万历三十七年（公元1609年就），就已经累计上书九道，恳请乞求皇帝允许他退休，但神宗一直不松口。直到万历三十八年（公元1610年）十二月王锡爵去世死了，他的退休问题才得到解决。叶向高仿佛从中看到了将来的自己。

万历三十七年（公元1609年）五月，叶向高再次上奏，陈言时局危急，自己年高体病，需请求早日选补阁臣，以全内阁为由上奏神宗。这时，建州女真族首领努尔哈赤已经崛起于辽东，山东、直隶一带也发生了大规模的农民起义。已迫在眉睫，但是神宗反应十分迟钝。叶向高再也按捺不住了，于七月初七日，他再次上奏神宗乞求增补阁臣，并因病申请退休。叶向高说："朝廷大臣基本上已经走空，全国的官员，从上一年秋天至今，没有再启用任何一个人。皇上整日不理朝事，自认为天下会长治久安，臣认为，如果发生什么祸端，将一发不可！"叶向高的言辞尖锐，但没有一次能刺激神宗麻木的神经。

人常说，功夫不负有心人。从万历三十六年（公元1608年）起，直到万历三十九年（公元1611年）止，叶向高请求增补阁臣的奏疏，终于得到神宗的准许。但是真正选用新阁臣，已是万历四十一年的事了，这距叶向高初次疏请增补阁臣，已经过了五年。

万历四十二年（公元1614年）八月，叶向高经神宗允许后离职。这时叶向高因三年考核政绩，晋升到太子太保，文渊阁大学士，其后改任户部尚书、武英殿大学士。然后他又被加少傅兼太子太傅，再改吏部尚书，任建极殿大学士，加少傅兼太子太师。此后不久，神宗赐叶向高白银一百两，并派人护送其归还故里。

临行前，叶向高再次向神宗做了自己最后一次苦谏，但还是没有撼醒醉生梦死的神宗。就这样，空怀一腔忠贞55岁的老臣叶向高满怀一腔忠贞，回到了故乡福清。

叶向高在故乡待了六年，感慨万千。不久，熹宗即位，又降诏催他入朝，叶向高推辞不得，只好又走马上任。

天启元年（公元 1621 年），年事已高的叶向高回到北京，再度被任命为内阁首辅。时至今日叶向高像一头被套上的老牛，再一次被套上了鞍辔，去拉拽熹宗朝这辆辕条欲失的破车。但叶向高为人正直，自己既然已经接任了，叶向高就得努力去做，这是叶向高做人的原则。刚上任，他就上书给年轻的明熹宗上了一份奏疏，劝诫他颁布诏旨要慎重，初登基的小皇帝点头称是。

接着，熹宗又满足了叶向高的另一项请求。

天启元年（公元 1621 年），后金军队占已经领沈阳，又在几天以后攻陷了辽阳。就在此后不久，发生了一件让明朝受到严重威胁的事件，西部一个罗罗族首领发动了一次大的叛乱，使明王朝受到严重威胁。由于明代边军遭常年饥寒交迫，并深受边将压榨，必须有充足的军费，才能抵御剽悍的后金铁骑。在边疆安危之际，叶向高上书熹宗，要求熹宗下令发放库银供应前线用兵费用。虽然熹宗才发放库银 200 万两，但这是在明朝后期，而且与神宗之时发放库银 10 万两相比，叶向高功不可没。

熹宗刚即位之时，起用了一些贤人能臣，全国上下出现了一段太平日子。然而，熹宗还年轻，又没有读过什么书，不辨忠奸。朝廷的大权已经被这时太监魏忠贤和皇帝的乳母客氏所窃取，他们诱导熹宗小皇帝骑马射箭，留恋于声色，加上熹宗小皇帝本人是个喜爱木工活的角色，对枯燥的政务不感兴趣，所以皇权自然便旁落到这些人的手里。魏忠贤这些人把持内阁，排斥异己，迫害朝中正直的大臣，连叶向高这样德高望重的两朝老臣也被架空了权力，使那些正直的朝臣皆遭受到打击。

天启四年（公元 1624 年）六月，杨涟进谏熹宗，上书弹劾魏忠贤二十四条大罪，朝廷大臣也相继数十次上书熹宗抗争，这个时候有人劝叶向高告发魏忠贤的罪状，这样皇上一定会将魏党之流除掉。但叶向高顾虑魏忠贤的权势势力，只是修疏上奏，说皇上过于宠信魏忠贤，加上魏忠贤干涉朝政，应当罢免他的职务，让其回家养老。魏忠贤听说此事后，很不高兴，从此对叶向高更加怨恨，但叶向高乃两朝元老，德高望重，魏忠贤有所畏忌难以迫害。但魏忠贤早已下定大规模清洗东林党的决心。之后不久，御史林汝翥因反对阉党被当朝廷杖，林氏只好远走投奔到遵化巡抚衙门。可因为林氏是叶向高的外甥，阉党以此为由派出一群太监，整日便围在叶向高的住宅前，大肆谩骂。叶向高难以忍受如此的羞辱，极力恳请辞官。于是熹宗加封叶向高为太傅，并派人护送其回乡。

叶向高罢官回乡后以后，进入内阁之中的都是小人，清明廉正的大臣都被魏忠贤流放杀害洗荡一空。首先，杨涟、左光斗等人先遭到诬陷，先后惨遭迫害致死，凌辱杀戮，朝中再无人敢言魏忠贤之恶。朝中正直的大臣多被降调革职，善良正直的人敢怒不敢言。

天启七年（公元 1627 年）八月熹宗驾崩，叶向高也于同月去世，享年 69 岁，被赠太师，谥号为"文忠"。

局势分析

明朝政治腐败的局面，从英宗时期到武宗时期就已经开始了。当时皇帝昏庸，和宦官一心在城内城外置办田园，强行霸占百姓土地。皇帝只顾吃喝玩乐，不问政务，宦官趁机篡权，挟制内阁大臣；天下大权就落在专权的宦官手里了。武宗在正德时期，大宦官刘瑾趁机谋取私利，强抢民宅，作威作福于皇帝之上，被朝野上下所憎恶。许多贪官污吏依附与他，借此向百姓夺取土地。这种现象在南方的江、浙、闽、赣一带最为严重。

明朝中期以后，从中央到地方，每一级的徭役和赋税都有增无减，百姓的土地被掠夺，徭役和赋税的重担让百姓喘不过气，农民没有办法生存下去，都背井离乡。宣德时期，大部分地区就已经开始了"流民潮"。到了正统时期，从山西流亡到南阳的流民多达十余万户。

说点局外事

在叶向高担任首辅大臣的时候，他曾向万历帝申述过，国家之所以会出现危机，主要原因并不是自然灾害和内忧外患，真正的原因有五点："廊庙空虚，一也。上下否隔，二也。士大夫好胜喜争，三也。多藏厚积，必有悖出之衅，四也。风声气习，日趋日下，莫可挽回。五也。"

第七章　明朝的覆灭

　　天启七年，熹宗去世，弟弟朱由检继位，是为明思宗，年号崇祯。他登上皇位后，想要以改革救国，首先就消灭了宦官魏忠贤，接着除掉了阉党。1629 年，后金皇太极率军攻打京城，栾城、遵化、迁安和永平相继沦陷，直逼帝都。农民起义军又成为明朝的困扰，年轻的君王崇祯本一心想要重整山河，纵然他再力挽狂澜，在长达十多年的内忧外患之后，依然无法摆脱国破山河的结局。曾如一轮明日光芒万丈的大明王朝终于结束了 276 年的统治。

崇祯一朝五十相

　　明朝自明太祖朱元璋时期就废除了宰相制度。所说的宰相，指的就是内阁大臣。明朝中期，"监阁共理"体制逐渐形成，内阁大臣的权力越来越大，几乎高于六部，"宰相化"趋势日益严重，被人们称为宰辅或者辅相。

　　崇祯（公元 1611 年—公元 1644 年），公元 1611 年生人，是明朝的最后一位皇帝。他在位 17 年，被他任用的辅相中多达 50 人都是可考究的，但在位还不到一年的竟然占三分之一，在位超过三年的有 5 人，在位时间最长只有 7 年，其中有温体仁、周延儒，先后担任内阁大臣共 5 年零 10 个月，这两个人还都被列入了《明史·奸臣传》。其他大部分内阁大臣多任职一两年。宰相就如同皇帝的左右手，协助皇帝治理朝政，因此权力和地位都很重要，但崇祯皇帝却不把宰相放在眼里，在一年之内就委任了三位宰相，虽然宰相权力大地位重，但在崇祯掌权时期，宰相的地位却是明朝时期最不安稳的。

内阁大臣有很强的流动性，地位不稳，时常是时现时退，其中一个最主要原因还是崇祯皇帝疑心重。他常常怀疑大臣之间会勾结在一起，结党营私，因此他就想出一个主意，用所谓的"枚卜法"来从中挑选内阁大臣，这就和抓阄没什么两样，这样挑选大臣的方法很难得到有用之才。

来宗道就是通过这样的形式被选为内阁大臣的，在他担任宰相期间，顺应皇帝的意愿，投其所好，整天无所事事，也不能解决一些实际问题，人们都叫他"清客宰相"，一月而去。没过多长时间，韩爌担任首辅大臣。韩爌尽心尽力协助皇帝治理国家，百姓们都称赞他贤能持重，他担任首辅期间，国家政局比较稳定。崇祯皇帝猜忌心重，中了后金设计的反间计，竟然相信对抗清军的主力袁崇焕是通敌叛国的罪人，让敌人得逞。韩爌因此受到牵连，不得不辞职离政，任职宰相只有一年多。

内阁大臣担任职务的时间之所以这么短暂，还有一个原因就是宰相之间的相互排挤。崇祯时期，温体仁担任阁臣的时间最长，在职期间并无建树，只是一味地和同僚对抗，朝中的其他阁臣要么以生病或者死亡而免去职务，要么就是遭他陷害而被罢免职务。温体仁善斗，史料中记载，他是一个心机极深的人，十分阴险。他知道崇祯皇帝并不信任臣子，怀疑内阁之间结党营私，于是温体仁窥探皇帝的用意，常常在朝中群臣面前说结党营私的事。崇祯皇帝觉得温体仁时常遭到弹劾，应该是比较孤立的内阁，不会有结党营私之事，觉得他十分可靠。

周延儒为内阁首辅时，温体仁并不听从他的话，还想尽办法取代他。他派亲信上书弹劾周延儒违法乱纪的事，还假装理解周延儒，实际上却给周延儒设计陷阱，还挑拨崇祯皇帝和周延儒，说周延儒平日里就不注意礼节，这是对皇帝的大不敬。温体仁的激烈攻击让周延儒被迫称病辞职。他这一走就更了却了温体仁的心愿了，他接替了周延儒的首辅职位，还对那些在人们心中有声望的内阁大臣耿耿于怀，一找到机会就设计陷害，企图将他们驱逐。他和文震孟就是一个典型的例子。

文震孟，在天启二年（公元1622）中了状元。后来教皇帝读书，他是个直言不讳的人。一天，崇祯在听讲的时候翘起了腿，文震孟就引用讲章中"为人上者，奈何不敬"这句话，还犀利地瞟向皇帝的腿，皇帝顿时羞愧，赶忙用袖子遮住，并慢慢将腿放下来。因为讲学才能够传知识给皇帝，崇祯八年（公元1635）六月，朝中增设内阁大臣，特地将文震孟召选入阁参与军机要务。

在温体仁眼中，文震孟是他最大的敌人，必须想尽办法排挤他，让他离开内阁。一开始他对文震孟表现得非常友好，凡事内阁有拟票，他都找文震孟协商。文震孟因此也很感动，他说："温公为人处世能够做到如此谦虚谨慎，怎么会有人说他阴险狡诈？"半个月后，温体仁的态度发生了一百八十度大转弯，这让文震孟一时间不能理解。温体仁身为首辅，总是在文震孟拟的"阁票"中鸡蛋里挑骨头，还让他重新拟写。倘若文震孟不修改，温体仁就直接删除他拟写的意见，不予采用。文震孟对温体仁的这种做法很气愤，有一次，他将奏章用力摔给温体仁。

温体仁却没有从文震孟开刀，他先是贬谪给事中许誉卿，这个人曾经弹劾过魏忠贤，文震孟想要调他升为南京太常寺。温体仁先是打击许誉卿，文震孟定出手相救。到那时，温体仁再向崇祯皇帝上奏，称文震孟和许誉卿是结党营私，文震孟被停职。崇祯皇帝最痛恨的就是大臣之间结党营私。温体仁将文震孟推向了崇祯皇帝最忌讳的那根高压线，文震孟并没有结党营私，却让崇祯帝信以为真，这就是温体仁的阴险之处。《明史》中说道："震孟刚方贞介，有古大臣风，惜三月而斥，未竟其用。"

崇祯皇帝一直都觉得温体仁朴实忠诚，虽然没有多大的能力，但是却忠实靠得住。直到崇祯十年（公元1637），崇祯皇帝才开始察觉温体仁也结党营私，温体仁知道皇帝发觉后，温体仁故意向皇帝上疏，假装称病请辞，试探皇帝的用意。崇祯对他非常失望，于是提起笔在奏疏上写"放他去"这几个字。温体仁发现皇帝根本没有挽留的意思，还批准让他还乡的时候，温体仁在吃饭，顿时筷子掉在了地上。次年，温体仁就因为这件事郁闷而死。

崇祯的阁臣们任职时间太短还有其他原因，比如徐光启在职的时候去世；杨嗣昌作为阁臣的督导老师，手持尚方宝剑，讨伐张献忠、李自成这些农民起义军，最终全军覆没，特别是洛阳的沦陷，福王被杀害，杨嗣昌也拔剑自杀。除此之外还有方岳贡、范景文等入阁的时间都不长，明朝就灭亡了，他们的内阁大臣身份也就因此不存在了。

崇祯时期内阁大臣频繁发生变动，真是风水轮流转。这对决策机关的工作产生了很大的影响。内阁大臣不能在自己的职位上坚守，内阁之间也不能友好相处，宰相之间多争斗，因此很难发挥各自的智慧。内阁大臣不能长久担任这一职务，阁臣和皇帝之间缺乏深入的接触和了解。皇帝生性多疑，如此一来更是不能得到皇帝的信任，因此虽然崇祯时期不缺乏贤能的人，但他在位时期没有任用多少有能力的阁臣。

通过对明朝末期朝廷中阁臣的稳定性以及当时的政治局面就能够看出，由明太祖朱元璋打下的江山已经是朝不保夕了，君臣之间互不信任的关系让大明王朝摇摇欲坠。

局势分析

崇祯和臣子们之间是中国历史上所有的君臣关系中最尴尬又最像对手的一种关系，他们彼此依附，相互利用又仇视对方。崇祯做了十七年的皇帝，除了镇压农民起义军就是抵抗后金的侵犯，除此之外他大部分时间都是在削弱文官的权力以加强皇权，事实证明确实卓有成效。

虽然崇祯有雄心壮志、日理万机，国家大事都亲力亲为，他虽有治国之心，却没有治国之谋，又不能慧眼识人，也不懂得如何用人，再加上他生性多疑，猜忌心重，对人过分苛刻，常常在朝堂之上怒斥大臣，兴师问罪、砍头、凌迟，他的冷酷和残忍不比魏忠贤差。他和文武百官没有建立彼此信任的关系，还时不时地调查官吏，在这17年中，他曾换过17个刑部尚书以及50位内阁大学士。这就造成了人才上的短缺，即便是想要报效国家的志士也不愿主动请缨。

说点局外事

三朝要典

明朝天启年间官修书，共24卷。这本书是魏忠贤和阉党为了攻击东林党所写的，上面记载着万历时期的梃击、红丸、移宫这三大疑案的详细经过，各8卷。最初起名为《从信鸿编》或《三大政记》，后来定为《三朝要典》。这本书开头写了霍维华论国本、妖书以及之藩的奏疏，后面还有对"三案"的几种论述，各8卷，其中罗列了诏令章奏，编年纪事，依次纂成，中间还穿插记载了杨涟、左光斗等人在监狱招供的罪状。在这本书中记载的奏疏大多都已"史臣曰"的形式进行了评判，其中还批驳了和阉党之间不和谐的原因，大肆对东林党人进行攻击陷害，对同党人则大肆赞扬。崇祯初期，追查惩治阉党，并为三大疑案中涉及到的冤屈的人平反，并下令毁掉这本书。如今只有天启刻本流传于世。

百科全书式的思想家

王夫之（公元1619年—公元1692年），公元1619年生人，字而农，号姜斋，衡州府城南王衙坪（今衡阳市雁峰区）人。他是明朝时期著名的思想家、哲学家，和黄宗羲、顾炎武并称为明末清初三大思想家。

王夫之出生在一个社会特别动荡的时期，封建社会末期，由于列强的侵入，资本主义经济开始萌芽。这一时期，社会经济发生变动、社会生产力和科学水平不断提高，阶级和民族矛盾相互交错。在这样特殊环境下，早期启蒙思想应运而生，早期思想主要以批判宋明道学为共同倾向。王夫之则成为了新思潮的代表人物之一。

出身于没落地主知识分子家庭的王夫之，自幼被传统文化束缚，年轻的时候，他一方面希望自己可以考中科举走入仕途，另一方面又担心动荡的时局，与朋友组织了"行社""匡社"等社团，年轻气盛的一群年轻人慨然有匡，立志救国。

王夫之的十一世祖王仲一曾经是跟随朱元璋起兵的一员大将。父亲王朝在北京国子监读书。明朝末年在岳麓书院求学，跟随老师吴道行学习。崇祯十二年秋天，王夫之奔赴武昌参加乡试，落榜。崇祯十五年中乡举第五名。同年十二月，王夫之到南昌等待会试。正赶上李自成率领的农民军进入承天，张献忠叛变。会试延期，王夫之也由南昌返回衡阳。公元1642年，王夫之在武昌科考中高中举人，年仅24岁。

崇祯十六年，张献忠在衡州招贤纳士，张献忠仰慕王夫之的才能，希望王夫之可以进入仕途，但是王夫之拒不受聘，隐匿衡山。大顺军队攻占北京的时候，王夫之写了一首《悲愤诗》，情感油然而生，泪湿衣襟。清军入关之后，王夫之上书明朝湖北巡抚，主张联合农民军一同抵抗清军，更有胜算。公元 1647 年，清军攻陷衡阳，王夫之的两个兄长、叔父、父亲都不幸遇难，王夫之悲痛万分。第二年，王夫之与朋友管嗣裘等人在衡山起兵抗清，不幸落败，仓皇逃往南明，在南明结识了瞿式耜、金堡、蒙正发、方以智一干人，后来永历政权任命王夫之为行人司。王夫之惩奸除恶，甚至险遭残害，幸运的是被农民军领袖高一功相救，才逃过一劫，保全性命。后来逃回湖南。

顺治七年，朝廷内部矛盾加深，深陷党争之乱，吴党势力强大，楚党陷入危难，为了营救楚党，王夫之联合董云骧上书皇帝，告诫皇帝不要受奸人的蛊惑，残害忠良。永历帝听后，龙颜大怒，以王夫之"职非言官"的罪名，严加指责。同年七月，王夫之奔赴桂林依瞿式耜。同襄阳郑仪珂的女儿结婚，婚后生活美满幸福。公元 1652 年，李定国率领大西农民军攻占衡阳，请王夫之出山，为他效力，王夫之虽然犹豫不决，"进退萦回"，但终未去。从此以后，王夫之便隐伏于湘南一带，过了将近 3 年颠沛流离的生活。为了躲避世间的纷争，曾改名换姓，居住在荒山破庙，后来到常宁西庄源，做了一名教书先生。10 年的曲折生活，也使得王夫之有机会与贫苦老百姓有了更深的接触，了解民间疾苦，这也促成了他总结明亡教训的决心和毅力，从此发奋著书，接连写了《周易外传》、《老子衍》两部哲学巨著，还完成了政论著作《黄书》。后半生，王夫之在荒僻的石船山麓隐居，虽然条件艰苦，但是他坚持学术研究的决心从来没有动摇，在这里王夫之写出了许多著作。

顺治十七年春，王夫之全家迁到衡阳金兰乡高节里的茱萸塘的一间茅屋居住，名叫"败叶庐"。康熙十四年秋，王夫之在衡山石船山麓隐居著书，人称"湘西草堂"。康熙三年，王夫之在"败叶庐"设馆讲学。之后又重新修订了《读四书大全说》。

晚年的王夫之贫病交迫，甚至连纸笔都要依赖朋友周济。吴三桂称帝之初，有意请王夫之写一篇《劝进表》以表天下，遭到王夫之的严词拒绝。71岁时王夫之自题墓石，表白自己的政治抱负及学风。康熙三十一年，王夫之去世。

局势分析

王夫之的思想对后世具有深远的影响。谭嗣同曾评价王夫之，"万物招苏天地曙，要凭南岳一声雷"，觉得他是中国五百年以来空前绝后的通天人之故者。章太炎也评价说"当清之季，卓然能兴起顽懦，以成光复之绩者，独赖而农一家而已"。

王夫之隐居到荒山野岭里发奋读书，他生前所有的著作都没有在当时发表，直到他去世之后，他的儿子选刻的十多种著作才开始流传，但数量很少。到了鸦片战争时期，中国的许多先进思想家都开始寻求救国救民的思想道路，王夫之的一系列著作才开始受到广泛关注，也才开始汇集资料编著《船山遗书》，这部著作先后多处发表，在国内流传甚广。自中华人民共和国建立以后，王夫之生前的著作才开始经过整理出版，在苏联、日本和欧美等一些国家也分别出版了《船山遗书》的翻译版本，王夫之的思想文化和学术理论给人们带来了巨大的思想财富。

王夫之是一个比较现实的人，他细心观察生活，又重视实际考察，他小时候就喜欢向人讨教各种知识，他勤奋好学，热衷研究，有着很强的求知欲。为了施展自己的才华，王夫之青年时期风华正茂，挥笔疾书，但他始终走在读书、科举和入仕这条路上，除此之外他还关心社会局势的变化，积极参加一些具有政治色彩的学术团体，比如"行社""匡社""须盟"等，用写文章的形式结交一些朋友，他的矛盾思想还在一定程度上体现为试图打破传统的表现倾向。

说点局外事

王夫之始终追求自己的理想，因此他不为功名利禄，也不在强权面前低头，经历了千辛万苦，但是他始终坚持。自从明朝覆灭以后，他在衡阳和清军对抗，结果失败，隐居到石传山，潜心研究思想领域，还在此期间撰写了许多著作。王夫之晚年身体状况不好，生活艰苦，就连写作需要用的纸笔都没有，还需要朋友的帮助。每天他都坚持写作，以至于手腕不能磨砚，手指不能拿笔。

到了 71 岁，清朝官员都来拜访王夫之，还送来许多衣食用品，当时王夫之已经生病卧床，但觉得自己是明朝的旧臣，坚决不接见清朝的官员，更不收任何礼物，因此还写了副对联，阐明自己的情操：清风有意难留我，明月无心自照人。

清指的就是清廷，明指的是明朝，王夫之借用这副对联表达自己刚正不阿的晚节。

明末三巨首

明朝末期各地农民军起义发生暴动，朝廷无计可施，异族的侵扰让明朝大臣们谈敌色变。对于万事万物是先有理还是先有气；理从于外界还是藏在心里；道是要不断去探索，还是在我们平时的日常生活中，这样类似的问题说起来显得非常可笑。人们思索后也发现，这种类似的争论解决不了实际问题，这时候也就不自觉地想到经世致用了。因此那些不能称之为经世致用的学说将会被剔除，被归类到为学说的行列，但是那些士大夫们只是一味地空谈主意，终不见行动，这就更是让人发笑了。

顾炎武是晚明著名的思想家，他严厉批判那些士大夫们空谈思想的风气，在他眼里，宋明理学和陆王心学都是背离孔孟的儒学思想的。他认为理学和心学中所谈到的都是孔孟学说避而不谈的思想，而孔孟学说所提到的也是理学和心学所不提的。顾炎武认为理学和心学都只是通过臆想使人们空谈，顾炎武觉得"修己治国"就是经世济用，那么理学和心学就是让人们对世界的本源性有更为混乱的理解。

顾炎武将儒家思想回到了源点。对于儒家思想之所以会失去正统地位，主要就是在这个思想里面没有关于世界本源性的阐述和解释。所以才有了理学和心学。但是理学和心学都处于极端化，顾炎武看到它和儒家文化是相背离的。

然而儒家传统文化还有一个问题是解决不了的，就是关于哲学的本源到底是什么。儒家无法给出一个解答，因此它就处于一个非常尴尬的地位。而顾炎武认为，经学是世界的本源，所说的也就是儒家的经典，儒家十三经。经学能够解释无法解答的问题，但实际上，顾炎武给出的解释也并非具有权威，甚至是让人争论不休的矛盾体，无论是把结果当做原因，还是把原因当做结果，都没有办法令人折服。

同理学的程颢和心学的陆九渊一样，顾炎武对哲学也只能给出空泛的解释，而王夫之能够将这方面说得更为具体。理学是一种客观的唯心主义，心学却存在其中。王夫之并不赞同这个观点，他是一个唯物主义者，因此他觉得先有物质再有意识。虽然都是反对理学和心学，但王夫之比顾炎武的针对性更强。

有一次，王阳明和朋友去游玩，朋友问他："山岩中生长那么多的花，和人心有没有关系？"王阳明回答说："你看花，花就是存在的；你不看它，他就不存在。"王夫之不赞同王阳明的想法，他反驳道："浙江有一座山，我并没有去过那座山，它就不存在于现实中吗？"对于王夫之的这种唯物主义观有两方面的体现，首先是他的气理论，其次是他的知行论。所说的"气"说的是物质，而"理"说的就是意识。朱熹和王夫之相反，他认为先有意识再有物质，世界万物都遵循的这个规律；王夫之觉得先有物质再有意识，物质和意识二者是相互存在的。

除此之外，王夫之还对朱熹和王阳明的知行观进行了批判。理学的代表人是朱熹，他觉得知在行前，先有知方能行。王阳明认为知行是不可分割来谈的，二者是统一的。他认为没有知就没有行，实际上这和理学的知行观在本质上没有区别。

王夫之恰巧不赞同知行统一，他觉得知在行后，行与知是共同存在的。王夫之的观点主要偏于实践，他觉得人只有在通过实践的基础上才能够产生认知，实践是万物的本源。这就使得王夫之和王阳明、朱熹的争论涉及到唯物和唯心这个话题。一切认知都是通过实践得来的，但当后人从实践中总结出认知，也就没有必要再实践了，但实践能够让人在认知上有进一步的理解。因此，认知源于实践，认知和实践是相统一的，这就是真理。

唯物主义的产生是有根据的，就像是当理学和心学都无路可走，无迹可寻时向人们敞开的一扇窗子，人们开始重新思考世界的本源，这也能够提升中国哲学的思想境界。唯物论在明朝末期正处于主导地位，当时以黄宗羲为首开始反对君主专制。

由于黄宗羲的启蒙思想相比卢梭还要提前一百年，因此被人们看作是世界启蒙思想的典范，但我们还是觉得王艮才是世界启蒙思想的鼻祖。

黄宗羲反对君主专制的思想，他觉得天下才是主人，而君主是客，君主要为天下人着想；他还认为士大夫是为了天下才想要去做官，为的不是君主，除此之外，他赞成通过用相权牵制君主的权力。

事实上，黄宗羲没有更创新的思想，儒家的本质就是要限制君主的权力，只不过黄宗羲用错了表现方式。

在十六世纪末，在中国掀起了一股非君的浪潮，东林党和复社提出一个口号——"天下非君主一人之天下"这个口号，明朝的制度更是用文官的权力压制君主的权力，国家由君主和臣子共同治理。此时黄宗羲的思想不免会让人看不明白，也许是因为在明朝末期摇摇欲坠的政治局势引起的，黄宗羲痛恨那些在国家处于危机时，那些官僚权势还在为个人利益以权谋私，因此他想要反抗，于是用民众的力量和政治领袖对抗，但想要稳定的社会秩序是通过法律，并不是暴力。

因此黄宗羲的这种思想不能称之为启蒙思想。启蒙思想并非暴力，而是自由、平等和开放的思想，并且这个思想是针对每一个人的。而黄宗羲维护更多的是士大夫的切身利益，大部分的贫苦百姓却不包括在内。因此我们说王艮才是明代民本主意的启蒙思想家。他认为每个人是平等的，百姓也有获得认知的权力，而且他们是自由的，民众也是君主的主人，这个思想与当时封建的政治制度是一种激烈的冲突。

局势分析

所谓经世致用的思想，它主张学以致用，注重社会上存在的现实问题，尤其是对明朝时期的八股取士，这些读书人只知道诵读程朱理学的注释，却从来不重视现实社会的现实情况，他们主张的是做学问要讲究务实，要关注国家局势和百姓的生活，力求改变这个社会，使之有一个新的局面。

除此之外还主张"工商皆本"，在明朝末期，商品经济正在不断发展，工商业的地位也在显著提高，明朝末期一大批进步的思想家提出了这个主张。经世致用对社会的影响是深远的，主张实事求是，这种学术思想主要立足现实，这个观点为后世的观念发展发挥了重要作用。

说点局外事

黄宗羲是明末清初时期第一个登上大一阁藏书楼的思想家。在清代康熙十二年（公元1673）无论从他的文章、学识、道德还是气节上，都备受人们尊敬。当时范友仲在范氏家族做嘉兴府学训导，黄宗羲在他的帮助下才登上了天一阁。范钦的后代担心藏书丢失，还和子孙们商讨说要共同管理藏书，每间阁门和书橱都由专门的人负责看管，掌管藏书的人并非每个房间的钥匙都有，所有人都不能擅自打开阁门。黄宗羲将天一阁的藏书全部阅读了一遍，还为那里的藏书整理了编目，他所做出的贡献对现在的我们来说也是非常宝贵的财富。

为国捐躯的史可法

在古代，总有一些文人因为没有遇见自己的伯乐，一身的才华得不到赏识，一些在朝为官的人总是不能得到皇帝的重用，满腔抱负无从施展。然而史可法的伯乐的出现绝对是机缘巧合，从而也深深地影响了史可法。

史可法（公元1601年—公元1645年），1601年生人，是明朝末期的政治家和军事统帅，也是伟大的民族英雄。

公元1621年的冬天，史可法回到原籍大兴考试，住在一座古庙里。有一天晚上，刻苦学习的他因疲惫趴在书桌上睡着了，正好顺天府学政左光斗进来避雪，读完他放在桌上的文稿后，觉得他很有才能，于是脱下身上的貂裘为其盖上。

后来经过询问，知道了他的名字。考试的时候，左光斗又与史可法相逢，他作为主考官在听到有人喊史可法的名字后，就一直注意着他，由于他之前就看过史可法的文章，在看完他的试卷后便将其定为第一。之后，他在后堂会见史可法，他对自己的妻子说："我几个儿子的才能都不好，只有这个年轻人以后能继承我的事业。"左光斗十分看重史可法，史可法也很敬佩左光斗的为人，左光斗深深影响着史可法。

明朝末年，政治腐败。在政治和经济上，东林党与阉党都有着不可协调的利益冲突，不可避免地发生了激烈的斗争，但是阉党的势力是东林党所不能敌的，因为阉党手中握着皇上这张王牌，结局也在意料之中，最终东林党惨遭失败。

公元 1624 年，左光斗弹劾奸宦魏忠贤，在还没有递上奏章之前，魏忠贤就已经知道了这件事，于是很快就陷害他将其罢官了。公元 1625 年，左光斗由于魏忠贤镇压东林党的事情而被打入宦官手下的东、西厂监狱。因害怕受到牵连，左光斗的朋友都不敢去探望。然而史可法思师心切，一直在想办法找机会去探望。是否担心受到牵连且先放在一边，想要进去探望也不是件容易的事，当时，魏忠贤戒备的很严，不准任何人随意探监。

有一天，史可法的诚心诚意打动了狱吏，于是放他进去探望受了严重刑法正危在旦夕的左光斗。

史可法见到了因遭受火刑而变得面目全非的左光斗，他的左膝筋骨也被挑断，史可法低声哭着跪在他的面前。立靠在墙壁上的左光斗听出是史可法的声音，使出全力拨开黏合的眼皮，指着史可法说道："你这个笨蛋！竟然敢来这里，知道这是什么地方吗？你居然轻视自身责任，那谁来支撑国家大事？与其等遭奸人所害，不如现在我就打死你！"说完，左光斗摸索着拿起地上的铁链，做出要打他的动作。谁都看得出来，左光斗是怕史可法因为自己而受到牵连，然而国家还需要史可法这样的贤良忠臣做支撑。

不久，左光斗就在狱中被严刑拷打致死。史可法每次想起他死前说的话，内心就无比激动，他经常对人说："我老师是铁石心肠，他无所畏惧，勇往直前的精神，同天地永存！"他始终记着老师的教导和期望，暗地里发奋图强，化悲痛为力量，下定决心要做个像老师一样尽忠国家的人。

史可法始终坚持不懈，用功读书，时刻铭记老师的教导和叮嘱。公元1628年，史可法高中进士。同年，他被任命为陕西西安府推官，自此他的政治生涯开始了。在他27岁那年，仕途明朗。清除了蠹国害民的魏忠贤，恩师沉冤昭雪，而自己在科场上势如破竹，这一切对于他来说，都是非常惬意的事。此后的事实表明，对崇祯皇帝的感谢之情也糅合在他忠君思想中。在他担任西安推官的那段时期，当地发生了灾荒。他体恤百姓，赈荒熟练胜任，因此他声名大振。

公元1632年，朝廷将他调回京城任户部主事，不久晋升为员外郎，后来又被升为郎中。他在户部，掌管太仓和粮饷，每天经手的钱粮无数，但他却保持清廉。当时在官场上贪污受贿成风，像他这样为官清廉的人，真是少之又少。史可法时刻为百姓着想，为百姓办事，因此深得民心。仕途之路也还算顺利，虽然社会风气有所改善，但是新的问题又来了。

公元1637年，史可法被提升为右佥都御史。后来因蝗灾发生，粮价飞涨，他一边命令官民捕灭蝗虫，一边调集粮食，上书请求皇帝除免百姓的田赋。

他将减少百姓的负担放在第一位，还处处约束自己，生活十分俭朴，自己种植粮食蔬菜，一年四季都穿着同一件官服。在左光斗的影响之下，史可法的为人受到人们的尊敬，为国家鞠躬尽瘁，是明朝的一代忠臣，也是百姓爱戴的英雄人物。

史可法为了解除六安地区老百姓的沉重负担，下令取消了当地百姓每年为官府养一批马的规定，改由官府雇人养马。除此之外，他还严惩了贪污勒索严重的官吏。

史可法带兵军纪严明，十分愤恨扰害百姓的官吏，对其处罚非常严厉。

有一次，一位姓苏的士兵杀害了六安县的一个老妇，他马上将其正法，没想到的是，这位士兵的同伙竟然暗中勾结了一百多人，在军中滋生闹事，在晚上的时候更是放起火来，想乘乱杀害史可法。他命令身边的人马上带着重要的公事文件躲避，而史可法面对蜂拥而至的乱兵，毫不惊慌，手提宝剑端坐在大堂上，乱兵面对正气凛然的他，都失去了勇气和信心，一个个都灰溜溜地逃走了。事后，史可法立即派人调查因起火而受害的主户，赔偿他们损失。史可法为民除害又为百姓弥补损失这件事更是让百姓对他赞不绝口。

史可法不但心系民生苦难，而且对明廷也忠心耿耿。公元 1637 年七月，他巡抚安庆、庐州等地，因为政绩斐然，所以崇祯帝十分欣赏他。

公元 1641 年，史可法被提升为户部右侍郎兼任右佥都御史，主要负责的是总管漕运，巡抚凤阳、淮安和扬州等地。在公元 1643 年七月，他晋升为南京兵部尚书，并且参与朝廷决策。

公元 1644 年十一月，当史可法走水路抵达鹤镇时，清兵已攻取宿迁，他立刻带兵赶到南边的白洋河，并下令让总兵官刘肇基火速前来救援。清兵转而去围攻邳州，刘肇基在收复宿迁后立即赶去救援邳州，于是邳州解围。

在此之前，清军向南进军的时候，清朝的摄政王多尔衮就给史可法写信说道："清政府战胜了农民军，在北京建都，这个政权是唯一合法的。南明建国，是坐收渔翁之利，应该将国号去掉。"还说，如果福王能归顺清政府，南明的君臣们都能享受高官厚禄。

史可法并没有因为清政府的威逼利诱而投敌。在回信中，他严厉地斥责了多尔衮，并表示要抵抗清朝到底，坚决不向其屈服，要"鞠躬尽瘁，死而后已"。

清军兵临城下后，并没有马上攻取城池，而是派降将李遇春去劝史可法投降，屡遭拒绝后，多尔衮仍不死心地连续给他写了五封信，他没看就将信给烧了，这时有两个将领带着部下背着他投靠了清军，更加减弱了防守扬州城的力量。

史可法知道已经军心涣散，扬州难保后，仍然决定做最后的努力。他传令召集全体官兵说："今天军情十分紧张，淮安已经失守。扬州是江北的关键城镇，如果失守，南京也不能幸免。恳切地希望大家能同心协力，昼夜不分地严谨防守。如果有人胆敢扰乱军心，必定按照军法处置。"

史可法下令将整个军队分成迎敌、守城、巡查三个部分，随后他慷慨激昂地对守城的士兵说："上阵不利，守城；守城不利，巷战；巷战不利，短接；短接不利，自尽！"轰动历史的扬州保卫战就这样开始了。

诱降史可法的计策失败以后，多铎难以抑制愤怒的情绪。四月二十二日，紧逼扬州城下的清军，开始用大炮轰击城墙，史可法下令继续奋战，并叫人用沙袋堵住缺口。全城军民同心协力保卫扬州，英勇抗敌，清军自入侵关内，从来没有遭遇到像扬州这样顽强抵抗的军民，这次遭到激烈的抗击，致使死伤惨重。

四月二十五日，多铎下达总攻扬州的命令，清军集中火力用大炮轰击史可法亲自守卫的最为险要的扬州西门，将西门炸开了一个缺口，清军蜂拥而入。

参将许谨和副将庄子固同时抱住因城被攻克而想拔剑自杀的史可法，两人正准备护其下城时，却不幸中箭死去。这个时候，许多清兵走来，史可法看到后大声喊道："我就是史督师！"清兵立即抓住他，将其送去见多铎。多铎看到史可法后，十分恭谨地说："先生已经为明朝尽忠尽责，现在不知先生愿不愿意为我大清收复江南？"史可法听后非常生气，斥道："我永远都是大明臣子，坚决不会做向敌军投降的罪人！"多铎见他仍然不屈服，知道再怎么诱降都不会成功，便说："那我便杀了你，成全你忠臣的美名吧！"临死之前，史可法道："我的心愿就是与扬州城共存亡，但是请你千万不要杀害这里无辜的百姓！"

他的名字将永垂史册，他的事迹也被人们广为传颂。史可法为国捐躯，终年44岁。

局势分析

南明朝昏君奸臣们沉醉声色，排斥异己，而"内战内行，外战外行"的骄兵悍将争权夺利，相互倾轧。面对清兵南下，各地守军或望风而逃，或争先迎降，甚至出现"为王前驱"的紧急局势，史可法一帜独耀，时刻以抗强虏收复国土为己任，虽被朝廷排挤，丧失兵部尚书实权，仍自愿督师江北，并决心驻守扬州，以身殉国。

崇祯十七年（公元1644）五月十五日，福王即皇帝位，以明年为弘光元年。次日，史可法被迫奏请到扬州督师，当然得准。时史可法虽挂东阁大学士兼兵部尚书衔，而实际上，弘光帝以马士英掌兵部事。十八日史可法出京，月底抵达扬州。其时在抗清战略中，史可法奏准于江北设四镇：封总兵官刘泽清为东平伯，辖淮海，驻于淮北，经理山东一带招讨事；封总兵官刘良佐为广昌伯，辖滁和，驻庐州，经理光固一带招讨事。

史可法以为，有此"实战实守之计，御于门庭之外，以贻堂奥之安，则中兴大业，即在于此矣"。可是事实远非如他想象的那么顺利，一到扬州，史可法陷入了错综复杂的新的矛盾之中，举措至为艰难。江北四镇同马士英早有勾结，多方笼络，故四镇虽受封爵，却都没有按命在指定的地方驻防。而且，拥兵自重，飞扬跋扈，名为官兵，实胜盗匪，且各怀鬼胎，浑水摸鱼，总想伺机吞并别镇，因此，摩擦时有发生。

说点局外事

左光斗是个性情直爽的人，在人们心中始终都是威武的英雄形象，晒篙的时候就喜欢读气节仁义的人物传记，后来又研究程朱理学，他的著作有《易说》、《左光斗奏疏》。他善于洞察人和物，做常人所不能做的。在桐城县城有一所他的住宅名叫"啖椒堂"，从名字上就能看出他的性格不是一个俗人。当时他就是在桐城被捕的，家乡的父老乡亲们头上都顶着一面明镜，手里端着清澈的水，为他痛苦，他的声威震惊四野，"缇骑亦为之涕零"。

后来左光斗被杀，他的长兄左光霁因为受到诛族而被杀，他的母亲因为失去儿子悲伤过度而死。崇祯皇帝即位以后，首先就惩治了魏忠贤，之后为卫左光斗平反，这才还给他一个公道。崇祯还追赠左光斗为太子少保，谥"忠毅"，他的父亲左出颖当时已经84岁，接到圣旨以后端坐着，死不瞑目，他不说话也不进食就去世了。

为了纪念左光斗，人们在桐城北门建了"左忠毅公祠"，和"啖椒堂"临近，直到现在遗址依然保存完好，是县级重点文物保护单位。

悲剧皇帝以死殉国

明光宗朱常洛在位时间仅一个月，是历史上在位最短的皇帝，人们称之为"一月天子"，但是自明光宗去世后，明熹宗朱由校继位，明朝的政治局势已经岌岌可危，在这个疯狂热爱木工的皇帝朱由校去世后，明朝的命运已经几乎没有回天之力，因此明朝末期的这三位皇帝都是短命，但崇祯帝是明朝的最后一位皇帝，他以身殉国，他的死也标志着明朝的灭亡。

朱由检虽然生长在皇宫之中，但他的人生路非常坎坷，他的生母早年就去世了，失去母亲的朱由检当时只有四岁，因为没有人看管，因此被送到了西李宫抚养，从小就没能得到母亲的爱，他并非西李亲生，被送去抚养也不会受到优待，因此在那段时间，他一直都是在孤独中度过的。让人意想不到的是，他的哥哥朱由校的母亲病逝了，同病相怜的朱由校也被送到了西李宫中抚养，此后，他们两人相依为命。当时朱由校十四岁，朱由检只有九岁。

万历四十八年的八月，刚登上皇位没多久的朱常洛就去世了。九月，由朱由校继承了皇位，改元为天启，和弟弟朱由检一起生活那么久两人之间也有了很深的感情，在朱由校登基之后，立刻让东李负责照顾朱由检。东李是个非常宽厚仁慈的人，让他照顾朱由检是希望弟弟能够在好的环境下成长，得到好的照顾。在哥哥朱由校的照顾下，朱由检的生活变得安定，性格也逐渐开朗起来，还有翰林院的老师对朱由检悉心教导，朱由检也不负众望，无论是学习方面还是琴棋书画，他都有很深的造诣。

在公元1622年，朱由检12岁，被朱由校封为信王，依照惯例，被册封为王就要到自己的府邸居住，但朱由检依然住在皇宫，一直到天启六年才搬到信王府。

天启七年，朱由检17岁了，小登科也是在那年开始实行，后来朱由检迎娶了信王妃，是掌握兵权的城南兵马副指挥周奎的女儿，在朱由检登上皇位后，信王妃就成了后来的周皇后。但朱由校并没有在皇位上坐多久，在八月十二日，当了七年皇帝的朱由校由于不慎落水而导致身体情况愈发下降，病情越来越严重，让他可惜的是没有留下子嗣，于是就传旨朱由检，让他继任皇位。半个月之后，朱由校驾崩，朱由检也就依照旨意继承了皇位，是为明思宗，改元崇祯，从此以后，他的皇帝生活就开始了。

明朝末期的社会动荡不安，政治局势也很不稳定，从朱由校手里接过这个面目全非的政局，但身为一国之君，身上担负着巨大的责任。明朝被称之为最大的宦官帝国，宦官专权，逐渐扩大为阉党，势力非常大，朝野中，阉党和东林党形成了激烈对抗，权力最大的宦官当属魏忠贤，以他为首形成的阉党范围很广，许多贪官污吏为了依靠魏忠贤向他贿赂钱财，他的亲信任职锦衣卫提督，崔呈秀任职兵部尚书。朝廷的轴心几乎都掌握在他手中。从内阁到六部，再到四房总督和巡抚，魏忠贤的爪牙遍布朝野。朱由检刚刚上台，最要紧的就是先解决阉党扰乱朝政的局面，但魏忠贤也为了巩固自己的地位，他诱使崇祯帝做一个荒诞无所作为的皇帝，然后他就能像朱由校掌权时期一样，可以迎来自己新一轮的专权阶段。但是朱由检并非他想象的那样具有可控性，朱由检和朱由校有很大的不同。朱由检不贪恋美色，他还是一个忧国忧民的好皇帝，在魏忠贤想尽办法削弱朱由检皇权的同时，朱由检也早已经盯上了这个虎视眈眈的奸臣。

不久以后，魏忠贤就唆使崔呈秀辞官，目的在于试探朱由检，又让他们失望了，朱由检早就看出他们之间有猫腻，于是找准时机，毫不留情的批准了。同年的十月份，魏忠贤遭到一名叫钱嘉征的贡生的弹劾，共总结了他的十大罪状，朱由检觉得惩治魏忠贤的时机到了，于是借此机会把魏忠贤贬去凤阳让他守陵。魏忠贤在去往凤阳的途中边走边想，觉得自己罪孽深重，于是畏罪自杀，朱由检痛恨宦官专权，铲除了魏忠贤也算是拔掉了肉中刺，魏忠贤的死更是大快人心，朱由检下令将魏忠贤的尸体抛在山涧中。除掉了阉党之首，随后他接连将二百六十多名阉党惩处，处死的处死，被贬的被贬，还有的被终身监禁，阉党的嚣张气焰一下子被铲平打消，在打消阉党的同时，崇祯还为那些曾被阉党迫害的官员平反，崇祯的做法看得出来，这表明他想要使明朝起死回生。他对官员们进行全面性的考察，严令禁止结党营私，禁止朝廷官员与宦官结交，在崇祯的大整顿下，朝政上改善了不少，也为朝野的臣民增强了信心，都称朱由检是一位明君，在明思宗的治理下，明朝仿佛看到了新的希望。

在公元 1628 年 7 月，袁崇焕答应皇帝在五年之内平定辽东地区，朱由检听后很高兴，为了帮助他掌控局面，赐给他一把尚方宝剑。从此，辽东地区的紧张局势在袁崇焕的掌控下有所改善。人祸能够控制，天灾却让人防不胜防。一起灾荒使陕西爆发了大规模的农民起义，朱由检任命洪承畴为三边总督，用力镇压农民军。局势越来越紧张，为了稳定局势，朱由检认真听关于御前讲习的经史，还经常召集大臣们前来一同商讨救国救民的策略。他对待政务认真勤政，为了能够尽快恢复王朝往日的生机，他还废除了一些无关紧要的官职，并且停止了一些花费奢侈的土木建造，对后宫的开支也有所削减。

在崇祯二年的十月，后金通过锦州和宁远，从蓟门开始向南进攻，直接逼近京城。十一月一日，京城戒严，为了抵抗后金的进攻，护驾朱由检，袁崇焕命山海关总兵赵率教率军向京城增援，袁崇焕也率军在十一月五日率军赶往京城。到了十一月十六日，当袁崇焕到达了京城广渠门时，谣言就已经传开了，都说袁崇焕和后金已经约定好，意思是说袁崇焕指引后金军进攻京城。十二月一日的时候，朱由检在接见袁崇焕、满贵和祖大寿三个人时就命人将袁崇焕拿下，押入大牢。

朱由检疑心重，在奸臣的蛊惑下，于公元1630年3月16日，朱由检就立即判处袁崇焕死刑，并命人将其凌迟处死，这是历史上的一起冤屈命案，白白让忠心于国家的臣子无辜死去，袁崇焕去世后，辽东地区的防御能力更是极度下降，眼看就濒临崩溃。朱由检为了提高将士们的士气和动力，为他们增加的军饷，还调集了重兵严加防守，尽力全面防御，但都没有作用。

明朝最终还是将辽东地区这个强有力的屏障弄丢了，强大的八旗军气势汹汹直奔东北，浩浩荡荡的队伍如同踏入无人区。陕西地区的三边总督杨鹤用剿抚并用的策略对抗这些起义的农民军。陕西农民起义军以李自成为首的还有王嘉胤、张献忠、罗汝才等率起义军纷纷离开陕西，向山西迈进，山西的百姓也都热烈响应他们的号召。朱由检和大臣们的君臣关系并没有达成信任，对臣子们也并不满意，他频频更换朝廷官员，统计显示，他在十七年的统治期间，共替换内阁首辅达到五十人，还有十七名刑部尚书，崇祯帝也是历史上更换官员最频繁的一位皇帝。虽然这种频繁更换官员的做法可以避免朝臣专权和压制皇权，但也有一定的弊端，就是在崇祯时期政权无法稳定，君臣之间会越来越不信任，即使有好的治国策略也不能很好的延续。

在崇祯十七年的一月一日，李自成率领的农民军攻下了西安，并在此称帝，确立国号"大顺"。并分别派人分成两路向北进攻，朱由检命大学士李建泰任督师，出京与大顺军作战，为了鼓励士兵们作战的士气，他还专门为李建泰举办了"遣将礼"。但是，要知道明朝就算有回天之术，也没有再崛起的可能。三月十七日，大顺军已经将京城团团包围。十八日晚，朱由检带着太监王承恩一起躲向了煤山，向城外眺望，烽火连天，不禁唏嘘。朱由检回到皇宫中，写下了一纸诏书，命成国公朱纯臣带领将士们保护太子朱慈良。还令周皇后和袁贵妃带着三个儿子进了宫，简而明了地叮嘱了他们两句，就让太监带他们出宫藏起来。他还和周皇后和袁贵妃道别，还哭泣着看着她们自缢而死。紧接着叛军杀向皇宫，将两位公主和几个嫔妃杀死，还命人立即让张皇后自尽。后来朱由检和太监王承恩自缢身亡，当时朱由检只有三十四岁。四月，李自成就将朱由检和周皇后匆匆埋葬在天贵妃的墓中，崇祯就这样以死殉国，他的死意味着明朝的灭亡，标志着清朝的开始。

局势分析

为了剿灭流寇，朱由检先后任用了杨鹤主抚、洪承畴、曹文诏、陈奇瑜、卢象升、杨嗣昌、熊文灿，在十三年的时间里，朱由检频频更换围闯军首领。在这些人中，除了熊文灿是用人失误，其余都是很有才干的将领。然而用人就会有所怀疑，以至于到最后也没有成效。李自成顽强抗击，后来率军前往河南助长势力。

当时北方有皇太极的侵扰，大明朝廷由于始终处于两线作战，将士们已经精疲力竭，每年都要耗费"三饷"不低于两千万两，国家财政紧张，粮饷匮乏，因此明军内部开始军心不稳。朱由检一心想要治理好国家，在《春明梦余录》上有记载："崇祯二年十一月，以司礼监太监沈良住提督九门及皇城门，以司礼监太监李凤翔总督忠勇营"；后来中了后金的反间计，将自己送上了灭亡之路，袁崇焕被无辜冤杀。

局势逐渐变得越来越紧张，朱由检也开始定不住心了，滥杀严重，其中被他诛杀的总督就有七人，巡抚被杀的有十一人。朱由检知道自己不能双线作战，于是决定私下里议和。但是明朝的士大夫吸取了南宋的教训，都觉得和满人言和是一种耻辱。于是朱由检在议和这件事上进退两难，他私下里赞同杨嗣昌议和，但是卢象声对崇祯皇帝说："陛下命臣督师，臣只知战斗而已！"，朱由检只是私底下同意议和，他当然不承认他想要议和这件事，卢象声最后死在了战场上。明朝末期就在议和与继续战斗的进退两难中逐渐走上了灭亡的道路。

崇祯十五年（公元 1642 年），松山、锦州沦陷，洪承畴向清军投降，朱由检心里还在想着和满清言和，兵部尚书陈新甲因为把朱由检想要和满清议和这件事泄露而被杀，最后想要和清兵议和的机会没有了。崇祯十七年（公元 1644 年）明朝奄奄一息，朱由检将阁臣们召集在朝堂上悲叹着说道："吾非亡国之君，汝皆亡国之臣。吾待士亦不薄，今日至此，群臣何无一人相从？"陈演和光时亨都反对，最后没有将都城迁到南京。

这个时候，农民起义军已经持续了十年有余，由北京往南，再由南京往北，这个范围囊括数千里土地，然而遍地白骨，人烟稀少，连行人几乎都看不到。崇祯帝将保定巡抚徐标召入京中，徐标说："臣是从江淮地区过来的，这数千里之内空空荡荡，即便是有城池，也只剩下被战争攻打过后破烂的围墙，放眼望去都是杂草，听不见鸡鸣和狗叫。连一个下田种地的农民都没有，皇上如何治理天下？"崇祯听了徐标的话后，万分悲痛，连连叹息。于是他为了那些因战争而丧命的难民以及战死沙场的将士和亲王们，为他们祭祀，还在宫中作佛，祈求天下能够国泰民安，还下诏为自己定罪，催促督师将农民军全部剿灭。

说点局外事

崇祯自缢后，在他身上遗言旁看见写着一行字："文武百官全都倒东宫行在去。"这才知道崇祯帝还以为内阁大臣们早已经看到了他紧急之下写的朱书了，但他却到最后也不知道，当内传把朱书送给内阁的时候，那些大臣们早已四散而逃了，哪还顾得上这朱书呢！内侍把它往桌上一放就走了，所以朝中的文武百官没有一个人看到朱书。

当时大内有一间神秘的密室，看管非常严密，没有重大的事件或者变故绝不能开启，据说里面藏有刘诚意的秘记。如今到了危急时刻，情况紧急，大家都想打开看看里面到底有什么，于是将其开启后，看到里面藏有一副绘图三轴，最后的一轴和崇祯帝的模样几近相同，同样穿着白色的上衣，赤着左脚，头发零散悬挂在空中，这幅画面和崇祯自缢后的样子几乎一模一样。